mandelbaum *verlag*

Karolina Dreit, Kristina Dreit gemeinsam mit

WORKING CLASS DAUGHTERS

Über Klasse sprechen

Mit visuellen Einschreibungen
von Selina Lampe
und einem Nachgespräch mit
Ruth Sonderegger

mandelbaum *verlag*

Gedruckt mit Unterstützung durch

Frankfurter Stiftung: maecenia für Frauen in Wissenschaft und Kunst

autonomesreferatfürantiklassistischesEmpowerment

STIFTUNG MENSCHENWÜRDE UND ARBEITSWELT

mandelbaum.at • mandelbaum.de

2. Auflage

ISBN 978399136-046-9

© Mandelbaum Verlag eG
Wipplingerstr. 23, 1010 Wien
office@mandelbaum.at

Projektkoordination: ELKE SMODICS
Lektorat: SARA VAN DORDRECHT
Satz & Umschlag: SELINA LAMPE
Coverbild: SELINA LAMPE, »1.6.23« (2023)
Druck: PRIMERATE, Budapest

Inhalt

Vorwort

»Weil emanzipative Bewegungen oft mit Geschichten beginnen, die wir einander erzählen, mit einem behutsamen, leisen, vorsichtigen Gespräch.«
Carolin Emcke

Working Class Daughters ist der Titel unserer Recherche und künstlerischen Auseinandersetzung, die wir 2018 mit Anna Trzpis-McLean begannen. Ausgangspunkte waren unsere lange Freund:innen- und Schwestern:schaft, unsere Post-Ost-Migrationsgeschichten und die vielen Erzählungen, in denen wir zu laut lachten oder zu viel redeten und definitiv »falsch« gekleidet waren. Nach vielen Gesprächen und gelachten Tränen kam die Erkenntnis, dass diese Erzählungen nicht nur etwas mit unserer Migrationserfahrung zu tun haben, sondern vor allem mit *Klasse*. Obwohl Klasse für uns kein Fremdwort war und einige von uns in theoretischen und politischen Kontexten aktiv waren, in denen Klasse und Klassenkampf hoch auf der Agenda standen, drängte sich doch die Feststellung auf, dass Klasse seltsam unsichtbar bleibt. Und in dieser stummen Unsichtbarkeit schienen die theoretische Bestimmung und die gelebte Erfahrung von Klasse durch einen tiefen Spalt getrennt.

Alles begann bei einem Gespräch in der Küche. Gerade war Didier Eribons *Rückkehr nach Reims* erschienen, das wir zu lesen versuchten, es aber immer wieder weglegen mussten. Zu nah waren die Erfahrungen an den eigenen Klassenwechseln. Und doch fehlte uns etwas. Wir fragten uns immer wieder: Hätte Eribon die Geschichte anders geschrieben, wenn er sie aus einer feministischen und sorgenden Perspektive verfasst hätte?

Je mehr wir unsere eigenen *Klassen*geschichten befragten, desto mehr Freund:innen fielen uns ein, bei denen wir Ähnliches vermuteten. So fingen wir an, zunächst Interviews in unserem Freund:innenkreis zu führen. Wir entwickelten einen Fragebogen, der von Karl Marx' *Fragebogen für Arbeiter* und der feministischen Gruppe Precarias a la deriva inspiriert war, welche die eigenen Arbeits- und Lebensbedingungen zum Ausgangspunkt für gemeinsames politisches Handeln machte. Und so fragten wir uns und andere: Wie wollen wir überhaupt über Klasse sprechen und wie können wir das gemeinsam tun? Lässt sich das obige Zitat von Carolin Emcke aus dem Essay *Ja heißt ja und …* zu #MeToo auch auf Klasse übertragen und intersektional denken?

Dieses Buch basiert auf den Interviews, die wir, Karolina und Kristina Dreit, im Zeitraum von 2018 bis 2021 führten. Das entstandene Audiomaterial haben wir zunächst als Teil von Performances, Installationen und bei Interventionen in den Kunst- und Kulturbetrieb verwendet und dafür stark gekürzt. Die in diesem Buch verwendeten Titel verweisen zum Teil noch auf die Namen der Audiodateien. Von Anfang an gab es den Wunsch, die Interviews einer breiteren Öffentlichkeit zugänglich zu machen und dem von isolierten Geschichten begleiteten Denken und Sprechen über Klasse eine gemeinsam formulierte Perspektive hinzuzufügen.

Es gab auch den Wunsch, das Fragmentarische, das (noch) nicht Verbalisierbare, das sich zwischen den Zeilen artikuliert, in der Übertragung von gesprochener zu geschriebener Sprache aber oft verloren geht, in diesen Raum einzuladen. So sind auch die »visuellen Einschreibungen« der Künstlerin Selina Lampe in diesem Buch zu verstehen, sie schreiben sich ein in Form von biografischen Fragmenten, Gedichten oder Zeichnungen, die eingeritzt und neu zusammengesetzt werden. Die hier versammelten Arbeiten sind in Auseinandersetzung mit dem von uns entwickelten Fragebogen entstanden. Sie funktionieren als eigenständige Befragung mit visuellen Mitteln und als Gesprächsbeiträge.

In den von uns geführten Interviews sind sowohl unterschiedliche als auch ähnliche Erlebnisse versammelt: Viele der Interviewten haben selbst oder in ihren Familien Erfahrungen von Migration, die mal explizit, mal implizit Erwähnung finden. Die meisten der Interviewten sprechen aus einer *weißen*, (Post-Ost-)migrantischen Perspektive, es gibt nicht-migrantische Stimmen und Stimmen von People of Color, die aus einer postmigrantischen und rassismuserfahrenen Perspektive sprechen. Viele der Interviewten sind queer, und fast alle sind oder waren im Kunst- und Kulturbereich tätig. Alle sind oder waren Töchter. Entscheidend sind für uns die Selbstdefinition der Beteiligten und das Zeigen einer nicht-männlichen Perspektive. Aus dem Gesagten lässt sich nicht immer eindeutig auf die Identität(en) der Beteiligten schließen, und vieles, das dem Auge verborgen bleibt, wird im Sprechen nicht aufgelöst. Trotz vieler Gemeinsamkeiten, die in Bezug auf Klasse erkennbar werden, lässt sich Klasse selbst nicht als eine Identität greifen, sondern dient hier als Klammer und Versuch, verschiedenen Perspektiven und Erfahrungen Raum zu geben.

Als wir an diesem Buch zu arbeiten begannen, hatten wir Erika Runges *Bottroper Protokolle* oder Maxie Wanders *Guten Morgen, du Schöne* vor Augen: Eine Person erzählt in alltäglicher Sprache von ihrem Leben und liefert damit ein Zeitzeugnis ihrer Gesellschaft, während Intimität und Nähe zu den Erzählenden entsteht. So gesehen ist auch das vorliegende Buch eine Einladung, sich in Beziehung zu setzen. Gleichzeitig wollten wir den Fokus nicht auf die individuelle Geschichte legen, sondern die Gemeinsamkeiten und strukturellen Momente in den Blick nehmen. Denn je mehr Interviews wir führten, desto deutlicher wurde, dass sich viele Erfahrungen und Themen ähnelten und in unseren Köpfen zu einem Netz gegenseitiger Bezugnahme verwoben. Eine Biografie oder Lebensgeschichte scheint zunächst in sich geschlossen, abgeschlossen, in dem Innenraum der jeweiligen Person verortet. Das gemeinsame Sprechen hingegen öffnet den Raum, lädt ein, von sich zu erzählen, aber auch zuzuhören – das eigene Sprechen und Denken durch die Erzählungen der anderen verändern zu lassen. Und genau das ist auch das Anliegen dieser Herausgabe: »Ja, es geht darum, *von sich auszugehen*, aber eben auch *aus sich herauszugehen*«, wie es bei den spanischen Feministinnen der Precarias a la deriva so schön heißt.

Die aus den Interviews heraus arrangierten und zu zehn Kapiteln zusammengefassten Gespräche bilden das Herzstück des Buches. Sie stehen für sich, so wie alle für sich selbst sprechen – von sich ausgehen. Gleichzeitig entsteht in den narrativen Schleifen und Bezugnahmen, wie sie jede:r vermutlich aus Gesprächen mit guten Freund:innen kennt, das Gemeinsame, das auch über sich hinausgeht und auf die gesellschaftliche Dimension der Erfahrungen verweist. Die Überschriften dienen dabei als Orientierung, ohne eine Geschlossenheit zu behaupten. Vielmehr ziehen sich wiederkehrende Themen und Fragen durch die Kapitel, es tauchen Geschichten wieder auf, die wir bereits an einer anderen Stelle kennengelernt haben. Es werden Bezüge hergestellt, die Gemeinsamkeiten zwischen den Sprechenden entstehen lassen. Diese Verbindungen und narrativen Schleifen sind für uns zentral, weil sie sich einer linearen (Geschichts-)Erzählung entziehen und immer wieder Möglichkeiten bieten, in das Gespräch einzusteigen. Damit möchten wir einen Raum öffnen, in dem die Beziehungen zueinander und die Sorge umeinander wachsen können – und den zu betreten wir die Lesenden einladen möchten. Diesen Raum verstehen wir als Ort für eine »sorgende Organisierung«.

Wir möchten das persönliche Erinnern und biografische Erzählen zum Ausgangspunkt nehmen, es aus der vermeintlichen Isolierung lösen und gemeinsam nach den Klassenstrukturen suchen, die unsere Leben formen und die es zu verändern gilt. Wir wollen gemeinsame Strategien formulieren. Gerade in den persönlichen und oftmals unbemerkten Momenten wird die subtile Gewalt gesellschaftlicher Verhältnisse sichtbar. Wir fragen uns: Wie können wir über Klasse sprechen? Wie können wir dabei die Scham hinter uns lassen, die einem solchen Sprechen oftmals anhaftet? Wie können wir uns solidarisieren? Wie können wir unserer sozialen Herkunft verbunden bleiben, ohne diese zu idealisieren oder zu vergessen? Was ist mit der Verinnerlichung eines strukturellen Kleinmachens und Kleinhaltens, das sich in die Gedanken, Gefühle und

Körper einschreibt? Was ist mit den Kämpfen, die es gab und gibt? Wie trägt sich der Wunsch nach einem guten und selbstbestimmten Leben über die Generationen weiter? Wie wird die Klassenerfahrung durch Geschlecht und/oder Migration geprägt? Wie verändert sich die Perspektive auf Klasse, wenn der Wechsel nicht *raus aus*, sondern *rein in* die Arbeiter:innenklasse passiert?

In diesem Dazwischen von Fragen und Antworten bewegt sich das Buch *Working Class Daughters*. In jenem Raum suchen wir nach möglichen Solidaritäten und Gemeinsamkeiten. Jenseits einer rein soziologischen Perspektive dient dieses Buch auch als Ort, an dem die versammelten Gespräche und Geschichten sich auf ihre je eigene Weise einrichten, von einer nicht hinterfragbaren Selbstverständlichkeit begleitet. Dabei möchten wir keine Aufstiegsgeschichten oder Probleme des Klassenwechsels präsentieren, sondern aus einer intersektionalen und feministischen Perspektive die Frage nach Sorge und Verbundenheit stellen.

Wenn wir von *Working Class Daughters* sprechen, dann verweist *Daughters* auf eine Beziehung, welche die hier Interviewten zur Arbeiter:innenklasse haben. Diese Beziehung kann familiär oder politisch sein, in direkter Generationenfolge oder über Generationen hinweg, abgebrochen oder erst im Aufbau befindend – auf jeden Fall ist sie da. Dabei können Fabriken eine Rolle spielen, müssen es aber nicht. Unsere Arbeiter:innenklasse ist nicht *weiß* und männlich, auch wenn *weiße* Männer in den Erzählungen vorkommen. Vielmehr ist sie von verschiedenen schlecht oder unbezahlt Tätigen, prekär Arbeitenden, Alleinerziehenden, »Aufsteiger:innen« und Migrant:innen bevölkert. Und das alles ist in den Erzählungen der *Daughters* enthalten, die sich dazu in Verbindung setzen.

Aus über 15 Stunden Interviewmaterial haben wir die hier versammelten Gespräche über Klasse, Arbeit, Klassismus, Strategien und Community arrangiert, die so nie stattgefunden haben, aber ähnlich hätten stattfinden können. So gleichen sich zum Teil die Erfahrungen, die alle für sich erlebt und in der Individualität der eigenen Biografie verortet haben. Auch wenn diese Gespräche so nicht stattgefunden haben, sind sie nicht fiktiv. Die hier angewandte Methode besteht in der Zusammensetzung des Gesprochenen und dem Zusammenkommen, dem Küchentisch, an dem wir uns gemeinsam imaginieren, und der Zeit, die es braucht, miteinander zu sprechen und einander zuzuhören, und die im Alltag allzu oft fehlt.

Das »gemeinsam mit« auf dem Cover des Buches, das hinter unseren Namen steht, gilt allen, die wir interviewen durften und die mit ihren Erzählungen unsere Arbeit begleitet und dieses Buch erst möglich gemacht haben. Wir sind die Herausgeber:innen und Arrangeur:innen, diejenigen, die sortieren, einordnen, ein größeres Ganzes versuchen und gemeinsam mit euren Erzählungen die Einladung formulieren, miteinander über Klasse zu sprechen.

Berlin, April 2024
Karolina Dreit und Kristina Dreit

Einleitung

Wir und die hier Interviewten gehören mehrheitlich zu der Generation der Millennials, also zu denjenigen, die zwischen 1980 und 1999 geboren sind und von den 90er-Jahren geprägt wurden (die meisten davon in Deutschland). Viele der hier Interviewten haben eine Post-Ost-Migrationsgeschichte[1] oder eine Familiengeschichte, die mit dem Anwerbeabkommen der 1960er-Jahre verknüpft ist, mit dem Arbeiter:innen u. a. aus der Türkei, Italien, Portugal oder Jugoslawien nach Deutschland kamen. Es sprechen Menschen mit und ohne Migrationsgeschichten. Die meisten der hier versammelten Erfahrungen spielen in Deutschland – sowohl West als auch Ost. Je nach geografischer Lage und familiären Bezügen wirken verschiedene Ereignisse dieser Zeitspanne stärker oder schwächer in das gesamtgesellschaftliche Erleben hinein: Zusammenbruch des »Ostblocks«, Wiedervereinigung, Treuhand-Abwicklung, Schließung des Stahlwerks Duisburg-Rheinhausen unter großem Protest, rassistische und rechtsextreme Ausschreitungen, Brandanschläge, Gewalttaten und Morde, der Zerfall von Jugoslawien und Krieg in Europa, Hetze gegen Asylsuchende, beispielsweise aus Ost- und Südosteuropa. Gleichzeitig wird das Ende der Geschichte endgültig besiegelt, und die neoliberalen Pfade werden zu Autobahnen ausgebaut – ohne Tempolimit auf der Überholspur, während viele nicht mal auf die Landstraße kommen. Währenddessen singen die Spice Girls als erfolgreichste Girlgroup der Neunziger in ihrer Debüt-Single *Wannabe*: »If you want my future, forget my past.«

Im geschichtslosen Raum neoliberaler Selbstverwirklichung musst du deine soziale Herkunft hinter dir lassen, wenn du eine (andere) Zukunft möchtest, so wie es Didier Eribon in seiner biografischen Erzählung *Rückkehr nach Reims* beschreibt. Du musst dich anpassen, überanpassen, du musst all die (ungeschriebenen) Regeln kennen, wenn du nicht entdeckt und an deinen Platz (zurück-)gewiesen werden möchtest, auf die Ersatzbank, von der du das (öffentliche) Geschehen nur beobachten sollst, aber nicht gestalten. Doch es gibt auch andere Wirklichkeiten. Es gibt eine Vergangenheit und eine Gegenwart. Die hier versammelten Gespräche erzählen von Ambivalenzen, von Wünschen, Träumen und Kämpfen, vielleicht auch von Verbundenheiten, vom Loslassen und Entfernen, vom stummen Nebeneinandersitzen und zaghaften Annäherungen, vom Schweigen und Sprechen, von Zwischenräumen. Sie erzählen aber auch von der Gewalt gesellschaftlicher Verhältnisse und vom fahlen Versprechen der Selbstverwirklichung, das die Worte zu schlucken versucht, die es bräuchte, um die eigene Situation zu beschreiben und die Möglichkeit von Veränderung überhaupt denken zu können.

In ihrem 2020 erschienenen Buch *Die Bedeutung von Klasse* beschreibt bell hooks, wie und wo Klasse in der Familie, in der Schule, im Studium, in den zwischenmenschlichen Beziehungen und der Beziehung zur Welt zentral war – und das, obwohl niemand Klasse erwähnte: »Während in unserem Haushalt niemals über die Bedeutung von Klasse gesprochen wurde, wurde die Wichtigkeit von Arbeit – hart zu arbeiten – hoch geschätzt. Unser Vater arbeitete hart in seinem Job, und Mutter arbeitete zu Hause schwer. Harte Arbeit war eine Tugend.«[2] Um über Klasse zu sprechen, musste sie erst ein Klassenbewusstsein entwickeln, um das Offensichtliche benennen zu können. Das Sprechen über Klasse wurde zu einem Akt der Selbstermächtigung, den auch dieses Buch als Versuch einer kollektiven (Selbst-)Ermächtigung beschreiten möchte. Doch wie können wir heute über Klasse sprechen?

»Heute spricht man nicht mehr von ›Klassen‹, sondern von unterschiedlichen Gesellschaftsschichten oder sozialen Umfeldern (das nennt man auch ›Milieu‹). Dabei ist die Frage, wie viel Geld oder Eigentum jemand hat, nicht das einzige Merkmal, um die Position in einer Gesellschaft zu beschreiben.«[3] So erklärt es die Bundeszentrale für politische Bildung jungen Menschen unter dem

Schlagwort *Klassengesellschaft*. Damit sind Klassen allgemein und die Arbeiter:innenklasse oder *Working Class* im Besonderen etwas, das vermeintlich der Vergangenheit angehört. Das ist auch das gesellschaftliche Narrativ, mit dem die hier sprechenden *Working Class Daughters*, und wir als Teil dieser, groß werden und in der wir uns zurechtfinden müssen, während wir beobachteten, wie unsere Eltern hart arbeiten und nicht selten damit zu kämpfen haben. Obwohl es Klassen vermeintlich nicht mehr gibt, werden tagtäglich eine kapitalistische Klassengesellschaft und Erfahrungen von Klasse (re-)produziert.

Mit diesen unterschiedlichen Erfahrungen von Klasse, denen der Eltern, Großeltern und den eigenen, wachsen wir, wächst die Generation der hier Interviewten, auf. Für viele unter ihnen sind diese Erzählungen zusätzlich mit Erfahrungen von Migration, Rassismus oder Sexismus durchzogen. Die Angst ist eine andere, wenn an die Arbeit auch das Bleiberecht geknüpft ist. Die Erfahrung ist eine andere, wenn Klassismus mit Rassismus verwoben ist. Auch ist die ostdeutsche Erfahrung, das Miterleben eines gesellschaftlichen Umbruchs, die massenweise Entwertung von Arbeitsbiografien, wieder eine andere. Das Aufwachsen in der süddeutschen Provinz ist etwas anderes als das Aufwachsen in einer westdeutschen Großstadt. Es macht auch einen Unterschied, ob jemand freiwillig von der Künstler:innenwelt in die sogenannte Arbeiter:innenklasse wechselt. Und doch gibt es in all den Erzählungen Verbindungen und Gemeinsamkeiten, die etwas mit Klasse zu tun haben – ohne dass sich alles auf Klasse zurückführen ließe.

»Was, wenn man die ausgebeutete Klasse nicht identifizieren kann und wenn das auch noch gut und richtig wäre für den Klassenkampf?«[4], fragt Ruth Sonderegger in einem Beitrag zum Sammelband *Klassen sehen. Soziale Konflikte und ihre Szenarien* und weist mit einem Zitat von E. P. Thompson darauf hin, dass es falsch sei anzunehmen, dass eine einheitliche Klasse am Anfang einer Bewegung (bei Thompson am Anfang eines Kampfes) stehe, die es zu identifizieren gelte. Vielmehr seien Klasse und Klassenbewusstsein im realen historischen Prozess nicht die erste Stufe, sondern die letzte. Diese Feststellung korreliert mit unserer Beobachtung und den Erzählungen in diesem Buch: Es ist schwer, über Klasse zu sprechen, die eigene Klassenposition ist oft unklar, gleichzeitig gibt es die Erfahrungen von Klasse, die Gemeinsamkeiten und Verbindungen über die jeweiligen Positionierungen hinaus eröffnen. Womöglich steht Klasse als eine verbindende Erfahrung, auf die wir uns beziehen können, am Ende eines von Differenzen begleiteten Prozesses, zu dem dieses Buch einen Beitrag leisten möchte.

Ausgangspunkt für unsere Arbeit an dem Projekt *Working Class Daughters* war die Feststellung, dass Klasse im Kunst- und Kulturbereich oft seltsam unsichtbar ist. Als wir 2018 mit unserer Recherche begannen, wurde dort kaum über die (eigenen) ökonomischen Bedingungen und Hintergründe gesprochen, über Erbe, Verdienst oder wie unterschiedlich hart oder weich man fällt, wenn die nächste Förderung oder Anfrage nicht kommt, wie es eine der Interviewten formuliert. Zeitgleich gab es eine merkwürdige Präsenz von Codes und Themen, die mit Arbeit und Klasse verbunden waren. Am deutlichsten zeigte sich dies in dem 2016 aufkommenden sogenannten Workwear-Trend auf internationalen Laufstegen, der auch in den Bereich der Kunst- und Kulturproduktion hineinreichte. Ausgelöst u. a. durch die Modemarke Vetements, die für die Frühjahr/Sommer-Kollektion 2016 den Designer Gosha Rubchinskiy, bekannt für nostalgische, postsowjetische Ästhetiken der 90er-Jahre, mit einem DHL-Shirt über den Pariser Laufsteg schickte. Demna Gvasalia, der Designer hinter dem Shirt, das erst für Fragezeichen und dann für extreme Nachfrage sorgte, kommentierte die Auswahl des Motivs mit: »It's ugly, that's why we like it.«[5] Über die Hässlichkeit der harten Arbeitsbedingungen in der Paketbranche sprach dabei niemand. Bei diesem Spiel mit Zeichen, Codes und Repräsentationen von Arbeit schien sich zunächst die Erzählung von der Auflösung der Klassen weiterzutragen, in der Verweise auf Arbeit beliebig und aus der Zeit gefallen wirkten. Wir fragten uns, ob dieses Spiel mit Codes, den »feinen Unterschieden« und damit einhergehenden Abgrenzungen, letztlich nur funktioniert, weil am Ende doch alle wissen, welcher Klasse sie angehören und welchen Platz sie gesellschaftlich einnehmen (dürfen). Diesmal waren die Unterschiede besonders fein und nur für ein geschultes Auge erkennbar: Rein äußerlich ähnelten die Designer-Shirts, bis auf das zusätzliche Markenlogo, denen der Paketzusteller:innen zum Verwechseln. Dennoch lagen zwischen ihren Träger:innen meist ganze Welten beziehungsweise Klassen. Wir stellten uns die Situation vor, wenn sich DHL-Paketzusteller:in und Träger:innen eines 300 Dollar teuren Vetements-Shirts an der Türschwelle begegnen.

Als wir 2019 anfingen, unsere Arbeit im Feld der Kunst- und Kulturproduktion zu präsentieren, sorgte das nicht selten für Irritationen: Was sollte dieser Titel? Sind die selbst überhaupt Arbeiter:innen? Und was wollen die mit der Arbeiter:innenklasse? Diese wurde vornehmlich mit Rechtspopulismus in Verbindung gebracht – von einer Arbeiter:innenklasse als einer ambivalenten, schon immer vielfältigen und auch umkämpfen (Organisations-)Form, auf die sich im Kunst- und Kulturbereich selbstbewusst bezogen werden könnte, keine Spur. Zeitgleich tauchte die Klassenfrage vermehrt in der öffentlichen Wahrnehmung auf. Dies war vor allem der literarischen Beschäftigung mit Klasse geschuldet, welche von Didier Eribon und Annie Ernaux (neu) entfacht, auch im deutschsprachigen Raum zunehmend präsent wurde. Hier stand eine autobiografisch motivierte Beschäftigung mit der sozialen Herkunft im Mittelpunkt, wie in Daniela Dröschers *Zeige deine Klasse* (2018), Anke Stellings *Schäfchen im Trockenen* (2019) oder Christian Barons *Ein Mann seiner Klasse* (2020). Ein Artikel aus der *Süddeutschen Zeitung* bezeichnete die aufkommende Beschäftigung mit Klasse noch 2018 als »eines der kuriosesten Phänomene«[6], um dann die Erzählung vom Verschwinden der Klassen weiterzutragen: »Hatte der Begriff spätestens nach dem Zusammenbruch des Kommunismus ausgedient und fand höchstens noch auf Flugblättern linker Initiativen statt, so ist er gerade wieder allgegenwärtig. Und zwar nicht ironisch oder retro-cool, so wie man in Berlin-Mitte eine alte Fellmütze aus der Sowjetarmee aufsetzt. Nein, selbst in der Wissenschaft wirft man vollkommen ernsthaft mit Kategorien wie ›Arbeiterklasse‹, ›Klassenfrage‹, ja selbst ›Klassenkampf‹ um sich.« Bereits 2020 titelte das Zürcher Onlinemagazin *Republik* ziemlich ernsthaft: »Die Klassenfrage ist zurück in der Literatur«[7], und das *Zeit-Magazin* widmete der Klassenfrage 2021 einen eigenen Online-Schwerpunkt.[8] Die damit angestoßene gesellschaftliche Debatte, in der sich auch unsere Recherche und die geführten Interviews zeitlich verorten, wurde begleitet von teils hitzigen Diskussionen um den Begriff Klassismus.[9] Klassismus bezeichnet die Diskriminierung aufgrund der sozialen Herkunft oder Position in der Gesellschaft.[10] Damit ist etwa die Abwertung und Diskriminierung von Menschen gemeint, die von Armut betroffen sind oder waren, deren Arbeit gesellschaftlich ausgebeutet oder nicht anerkannt ist, sowie Menschen, die vom Wohnungsmarkt ausgeschlossen werden, oder auch Menschen, die einen sogenannten sozialen Aufstieg vollzogen haben. Dabei waren die Diskussionen um Klasse und Klassismus nicht selten selbst von Abwertung und Abgrenzung begleitet. In diesem Zusammenhang tauchte auch der mit einer Arbeiter:innenklasse verbundene *Klassenkampf* wieder auf – jedoch nicht als ein neu aufflammendes Klassenbewusstsein, sondern eher als eine Form der Abgrenzung gegen diejenigen, die über ihre unterschiedlichen Klassenerfahrungen sprachen. Nicht selten wurde in den Feuilletons etablierter Zeitungen, die nicht gerade für linke Inhalte bekannt sind, Marx und die ökonomischen Strukturen gegen die Bemühungen des Anti-Klassismus und seiner Aktivist:innen ins Spiel gebracht – sprach eine von Armut oder Klassismus betroffene Person von ihren Erfahrungen, wurde mit der Frage nach Marx gekontert. Plötzlich waren sie wieder da: »die Klassen«. Aber wer, mit welcher Sprache und wie darüber sprechen durfte, blieb strittig. Jenseits dieser Gegensätze, Grenzziehungen und Vereinfachungen führten wir weiter Interviews und suchten nach Verbindungen.

Während unserer Arbeit an *Working Class Daughters* und auch in den hier versammelten Gesprächen werden die Begriffe Klasse, Klassismus oder auch Klassenerfahrung verwendet. Sie alle eröffnen wichtige Perspektiven für ein Sprechen über Klasse und das mögliche Entstehen von Klassenbewusstsein. In diesem Buch möchten wir keine Gegenüberstellung betreiben. Für uns sind diese Begriffe immer auch mit den ökonomischen Strukturen verknüpft – so erzeugen etwa fehlende Produktionsmittel auch andere

andere verbunden, sodass ein Streik – also eine Unterbrechung der Arbeit – mit anderen Konsequenzen verbunden gewesen wäre. So zogen die Precarias a la deriva los und befragten sich und andere, verbrachten zusammen Zeit, suchten nach gemeinsamen Begriffen, um die eigene Situation besser verstehen und beschreiben zu können, und entwickelten daraus eine gemeinsame politische Praxis. Dabei setzten sie die Kommunikation und Artikulation mit Fragen der Sorge in Verbindung.

»What can we do, when outside the factory there is more factory?«, fragt eine Beteiligte in dem kollektiv produzierten Film *A la deriva, por los circuitos de la precariedad femenina (Abdriften – über die Kreisläufe weiblicher Prekarität)*[18], der die Situation von migrantischen und nicht-migrantischen Frauen auf dem spanischen Arbeitsmarkt untersucht. Was also tun, wenn außerhalb der Fabrik der Alltag durch dieselben – wenn auch anders sich ausdrückenden – Strukturen geprägt ist, ohne dass er auf dieselbe Weise bestreikt werden könnte? Und so fragten wir uns: Was können wir eigentlich tun, wenn Klassenverhältnisse weiterhin bestehen – ohne Fabriken und ohne identifizierbare Klassen?

Anknüpfend an die Militanten Untersuchungen der Precarias a la deriva stehen das Thema Sorge, das (Be-)Fragen und gemeinsame Sprechen im Mittelpunkt dieses Buches. Auch unsere feministische Perspektive ist von der Suche nach Verbindungen geprägt – in Bezug auf Klasse, die eigene soziale Herkunft, Arbeit, Selbstentwürfe, Erfahrungen, aber auch Verbindungen untereinander. Es ist dieser Spagat, der von der Sorge getragen wird: Mit dem Blick auf Klasse suchen wir nach Gemeinsamkeiten über Identitätskategorien hinaus. Gleichzeitig ist es wichtig, dass jede Person mit dem, was sie ausmacht und bewegt, mit den verschiedenen Erfahrungen Raum hat, sich zu zeigen, da zu sein und benannt zu werden. Dabei gibt es ein feministisches Erbe, auf das wir uns beziehen können, das Erbe der Emanzipation und die Forderungen nach Selbstbestimmung und einem guten Leben für alle.

Mit Bezug auf den feministischen Slogan »Das Private ist politisch« gaben uns neben den Precarias a la deriva andere queerfeministische Bewegungen und Theorien wichtige Impulse für unsere Arbeit.[19] Gemeinsam ist uns das Zusammendenken von Erfahrungen, Identitäten und gesellschaftlichen, politischen und ökonomischen Strukturen. Dabei waren auch die Gruppe der Prololesben/Proll-Lesben und die Arbeiter:innentöchter eine weitere Inspirationsquelle, welche uns ein Text von Tanja Abou[20] eröffnete. Die Proll-Lesbengruppen haben sich innerhalb der autonomen Frauen-/Lesbenbewegung in West-Berlin und Bochum Ende der 80er- und Anfang der 90er-Jahre gegründet[21], während die Arbeiter:innentöchter sich mit Fragen von Klasse und Arbeiter:innenherkunft an der Universität beschäftigten. Gemeinsam war beiden Gruppen das Einbeziehen der eigenen Erfahrungen in die politische und theoretische Praxis. Denn »›Klassenbewusstsein‹ heißt für uns: sich nicht unter Theorien und Begriffe ducken, die uns nicht zum Leben nützen; uns nicht alles gefallen lassen, uns nicht entfremden von unserer Denk- und Sprechweise«[22], wie es Hannelore Bublitz in ihrer bereits 1980 erschienenen Studie über Arbeiter:innentöchter an der Hochschule auf den Punkt bringt. Entgegen einer politischen und wissenschaftlichen Abwertung von Erfahrungswissen wurden hier die eigene Subjektivität, die eigene Wahrnehmung, die eigenen Erfahrungen in den Fokus gerückt und zum Ausgangspunkt für theoretische Überlegungen und politische Kämpfe gemacht. So stehen auch wir auf den Schultern von Ries:innen. Von hier aus betreiben wir eine feministische Ahn:innenbeschwörung, indem wir ebenfalls von unseren eigenen Erfahrungen ausgehen und die Erfahrungen und Erzählungen von *Working Class Daughters* ins Zentrum dieses Buches stellen.

Wir entwarfen einen Fragebogen, der verschiedene Aspekte und Ebenen in Bezug auf Klasse enthalten sollte. Dieser Fragebogen war im weitesten Sinne von dem *Fragebogen für Arbeiter* inspiriert, den Karl Marx 1880 für *La Revue socialiste* entwickelte.[23] Dieser beinhaltet 99 Fragen, die um Alltag, Arbeits- und Lebensbedingungen, Lohn sowie Gewerkschaften kreisen und so umfangreich sind, dass sie die soziologische Erfassung der Befragten unmöglich machten, wie die letzte Frage darin exemplarisch zeigt: »Wie ist der allgemeine körperliche, geistige und moralische Zustand der in ihrem Beruf beschäftigten Arbeiterinnen und Arbeiter?« Statt lediglich Informationen über die befragten Arbeiter:innen und ihre Arbeitsbedingungen zu sammeln, wird ein Bewusstsein für die Umstände, wie sie sind und wie sie (nicht) sein sollten, geschärft. Gleichzeitig entsteht ein Selbstbewusstsein, für sich zu sprechen, die eigenen Beobachtungen ernst zu nehmen und die Umstände selbst beurteilen zu können.

In unserem Fragebogen ging es zunächst um die Erfahrungen und Narrative von Arbeit, die unsere eigene (neoliberale) Gegenwart bestimmen: Welche Rolle hat Arbeit in der Familie gespielt? Wie verhält sich die eigene Arbeit zu der Arbeit der Eltern? Vor diesem Hintergrund verstehen wir die gesellschaftliche Organisation von Arbeit, in der Erwerbslosigkeit sanktioniert und Care-Arbeiten nicht oder schlechter entlohnt werden, weiterhin als einen der strukturellen Momente in der Produktion von Ungleichheit und in der Beschreibung und Erfahrung von Klasse. Wenn gegenwärtig Klasse oder Klassismus thematisiert werden, dann geht es oftmals um die Schwierigkeiten des Klassenwechsels und die Möglichkeiten eines sogenannten sozialen Aufstiegs. Diese Perspektive ist ebenfalls wichtig, weil sich gerade im Moment des Klassenwechsels, an den Barrieren und Ausschlüssen, die Klassenstruktur einer Gesellschaft zeigt, die von sich behauptet, dass alle die gleichen Chancen haben. In den von uns geführten Gesprächen zeigt sich auch, dass soziale Mobilität einer enormen Anstrengung bedarf, aber am Ende doch oftmals von Glück abhängt und von Menschen, die ihr kulturelles und soziales Kapital teilen. Die dort unterstützen, wo die eigenen Eltern es nicht können – Freunde und Netzwerke außerhalb der institutionellen Strukturen. Dabei war es uns wichtig, auch die Ambivalenzen eines vermeintlichen Aufstiegs offenzulegen sowie die schmerzhaften und ermöglichenden Momente, die damit einhergehen können. Auch wenn Bildung, Theorie, Kunst und Kultur immer wieder als wichtige Momente und Orte der Selbstermächtigung in den Gesprächen auftauchen, sehen wir uns weit von ihrer Idealisierung und den damit verbundenen prekarisierten Arbeits- und Lebensbedingungen entfernt. Vor diesem Hintergrund interessierte uns auch der Wechsel in die andere Richtung, *raus aus* dem Kunst- und Kulturbereich, *rein in* die Arbeiter:innenklasse: Welche Perspektive auf Klasse eröffnet sich, wenn dieser Wechsel freiwillig vollzogen wird? Welche Perspektiven auf die Rolle von Arbeit und Arbeiter:innen in unserer Gesellschaft werden sichtbar?

Im Sinne Pierre Bourdieus und seiner vertikalen Klassenanalyse wollten wir uns aber auch den Erfahrungen von Klasse nähern, die jenseits der Lohnarbeit liegen. Wie sind die ersten (kindlichen) Wahrnehmungen und Erinnerungen von gesellschaftlichen Ungleichheitsverhältnissen? Wie wird Klasse an der Universität oder im Bereich von Kunst und Kultur erfahren? Dabei war uns die Verknüpfung mit Migration wichtig, weil damit eine andere Perspektive auf die Frage nach Mobilität sichtbar wird, nicht nur innerhalb einer Gesellschaft, sondern auch über Ländergrenzen hinweg. Vor dem Hintergrund unserer eigenen Post-Ost-Migration haben uns auch die Erfahrungen innerhalb der unterschiedlichen Systeme in Ost und West interessiert: Welche Gemeinsamkeiten gibt es zwischen einer ostdeutschen Erfahrung und einer westdeutschen? Welchen Unterschied macht es, ob die Eltern migriert sind oder eine selbst? Welche Rolle spielt das Wohlstandsgefälle zwischen Deutschland und beispielsweise Polen für die Klassenerfahrung? Wie wird Klasse auch durch die geografische Lage bestimmt? Diese verschiedenen Perspektiven sind hier versammelt. In fast allen Geschichten geht es um eine Bewegung. Somit ist auch das vorliegende Buch eine Suchbewegung und Annäherung aus verschiedenen Richtungen.

Die ersten Interviews führten wir 2018 und 2019 mit Freund:innen, bei denen unser Titel *Working Class Daughters* direkt auf Anklang stieß, ohne dass wir vorher explizit über unsere Klassenerfahrungen gesprochen haben. Manchmal kannten wir unsere Familiengeschichten oder vermuteten einen ähnlichen Hintergrund. Manchmal verband uns eher die politische Haltung und Analyse der Klassengesellschaft. Es folgte eine zweite Interviewphase, in der Personen, die wir vorher nicht kannten, dazukamen. Wir interviewten Freund:innen von Freund:innen, lernten Menschen über unsere Arbeit oder in Workshops kennen, andere schrieben wir explizit an, manchmal liefen die Anfragen ins Leere. So gingen wir nach einer Art Schneeballprinzip vor.

Der Fragebogen diente uns als Struktur und gemeinsamer Moment zwischen den Interviews. Er war ein Weg, der durch die Unterhaltung führte, von dem wir uns aber immer wieder auch entfernten, um schließlich darauf zurückzukommen. So sind die Interviews als Gespräche am Küchentisch zu verstehen, in denen wir uns ausufernd unterhielten und Anekdoten erzählten, Beobachtungen und Situationen teilten und über *Working Class Daughters* als einen Duft spekulierten. Auch wenn wir uns während der Fragen stark zurücknahmen, um den Raum für die Geschichten und Erzählungen zu öffnen, haben wir zu keinem Zeitpunkt die Position neutraler Wissenschaftler:innen eingenommen. Vielmehr haben wir von unseren eigenen Erfahrungen und Fragen erzählt, uns selbst eingebracht und uns immer als solidarisch und parteiisch mit den Erzählenden verstanden. Dabei ist unsere Perspektive in der (Neu-)Zusammensetzung der Erzählungen enthalten, die alle Interviewten an einem gemeinsamen Küchentisch imaginiert, das Zuhören und Von-sich-Erzählen zu einer politischen Praxis erklärt und ein gemeinsames Erinnern zum Ausgangspunkt von Sorge und Verbundenheit macht, wir servieren den Tee und sorgen für das Essen.

So sind Gemeinsamkeiten und Zusammenhänge über die Fragen hinaus entstanden, die wir nachträglich als Kapitel zu benennen versucht haben. Manche Kapitel ergeben sich aus den Punkten des Fragebogens, etwa die Rolle von Arbeit oder »lustige Geschichten«. Gleichzeitig sind in den Gesprächen auch Gemeinsamkeiten und Verbindungen aufgetaucht, nach denen wir nicht explizit gefragt haben. So spielte beispielsweise »Sprache« in den Erzählungen eine große Rolle: das Verlernen der eigenen Sprache, das Erlernen einer universitären Sprache, das Wiederfinden einer eigenen Sprache als Form der Selbstermächtigung und die (Un-)Möglichkeiten, über Klasse zu sprechen. Dabei ergänzen und befragen sich die Sprechenden, und nicht selten entwickelt sich das Gespräch von einem gemeinsamen Ausgangspunkt in eine ganz andere Richtung, während es immer um Fragen von Klasse kreist. Wir haben versucht, so nah wie möglich an den Interviews, dem Gesprochenen und dem Stil der Sprechenden zu bleiben. An einigen Stellen haben wir Anfangssätze hinzugefügt, um beim Arrangieren von einer Erzählung zur anderen überzuleiten. In den meisten Fällen war dies aber gar nicht notwendig. Vielmehr war die Aufgabe, selbst ganz genau hinzuhören, um im Gesagten Übergänge und Anknüpfungspunkte zu entdecken.

In den hier versammelten biografischen Erzählungen, Erinnerungen und visuellen Einschreibungen verknüpft sich für uns das Individuelle mit dem Strukturellen zu einer lebendigen und nahezu leiblichen Erkenntnis über Klasse, die sich rational (aus dem Theoriebuch) vielleicht so nicht einstellen würde. Wenn wir Klasse also nicht länger nur als sozialstrukturelle Gegebenheit, als Festlegung einer Identität oder Fixierung auf die soziale Herkunft betrachten, sondern als eine Positionierung, die sich erst »in den Kämpfen gegen Ausbeutung und Beherrschung konstituiert«[24], dann stehen die Sorge umeinander und das Sprechen über Klasse am Anfang dieser Kämpfe. Und dieses Sprechen hat eine besondere Kraft, weil sich die Erkenntnis (über die strukturellen Bedingungen) nicht mehr von dem eigenen Leben trennen lässt, wie es Silvia Federici als »Prinzip der freudvollen Militanz« beschreibt: »Entweder ist unsere Politik befreiend, entweder sie verändert unser Leben auf positive Weise, lässt uns wachsen, bereitet uns Freude oder mit ihr stimmt etwas nicht.«[25] Und dann braucht es Strukturen und Organisationen, in denen dieses Begehren und eine solche Praxis aufgehoben sind. Kunst und Kultur, und in unserem konkreten Fall das vorliegende Buch, können dann bestenfalls eine Begehrensproduktion darstellen. Die Produktion eines Begehrens, gemeinsam über Klasse zu sprechen, sich selbst mit allem Drum und Dran einzubringen, sich in Beziehungen zu anderen zu erfahren, die großen und die kleinen Erzählungen zu verknüpfen.

Anmerkungen

1 »Post-Ost« ist eine Selbstbezeichnung von Menschen, deren Herkunfts- oder Familiengeschichten mit dem sogenannten Ostblock verknüpft sind. Sie schließt unterschiedliche Erfahrungen, Kulturen, Religionszugehörigkeiten, Sozialisierungen und Herkünfte ein.

2 bell hooks: *Die Bedeutung von Klasse. Warum die Verhältnisse nicht auf Rassismus und Sexismus zu reduzieren sind.* Münster: Unrast 2020, S. 33.

3 Gerd Schneider / Christiane Toyka-Seid: Das junge Politik-Lexikon von www.hanisauland.de, Bonn: Bundeszentrale für politische Bildung 2024.

4 Ruth Sonderegger: »Multiple Klass(e)fizierungen in der (kunst-)universitären Bildung. Plädoyer für eine Auflockerung«, in: Drehli Robnik (Hg.): *Klassen Sehen. Soziale Konflikte und ihre Szenarien.* Münster: Unrast 2001, S. 17.

5 Lauren Cochrane: »Scam or subversion? How a DHL T-shirt became this year's must-have«, The Guardian, 20.04.2016.

6 Verena Mayer: »Aufstieg geschafft, Underdog geblieben«, Süddeutsche Zeitung, 08.10.2018.

7 Daniel Graf: »Die Klassenfrage ist zurück in der Literatur«, Republik. Das digitale Magazin für Politik, Wirtschaft, Gesellschaft und Kultur, 14.10.2020.

8 Zeit Online, Schwerpunkt *Die Lagen der Nation*, https://www.zeit.de/schwerpunkte/klasse.

9 Dabei sprechen allein die Titel der Beiträge für sich, z. B. »Völker, hört die coolen Wörter!« (Die Zeit, 02.03.2021), »Sie sagen Klasse, aber sie meinen es nicht so« (Deutschlandfunk Kultur, 11.05.2021), »Zu welcher Klasse gehöre ich?« (Deutschlandfunk Kultur, 15.04.2021).

10 Eine besonders ausführliche und historisch differenzierte Sammlung an Definitionen von Klassismus findet sich im Diversity Glossar: http://diversity-glossar.de/klassismus/.

11 Edward P. Thompson: Vorwort, in: *Die Entstehung der englischen Arbeiterklasse*, Erster Band. Berlin: Suhrkamp 1987, S. 7.

12 Nicole Vrenegor: »Die Putzfrau war präsent, aber wie sieht sie aus? Interview mit den OrganisatorInnen des Hamburger Euromaydays 2006«, ak – analyse & kritik, 18.03.2006.

13 Vgl. hierzu Marion Hamm / Ove Sutter: »Ich stress. Ich streik. Ich Pause«, eipcp – European Institute for Progressive Cultural Policies, 02/2010.

14 Vgl. hierzu Guy Standing: *Prekariat. Die neue explosive Klasse*. Münster: Unrast 2022.

15 Precarias a la deriva: »Streifzüge durch die Kreisläufe feminisierter prekärer Arbeit«, transversal texts, 04/2004.

16 Precarias a la deriva: *»Was ist dein Streik?« – Militante Streifzüge durch die Kreisläufe der Prekarität*. Wien – Berlin: Turia + Kant 2011.

17 Damit stehen die Precarias a la deriva in der Tradition des Post-Operaismus. Konnten die Militanten Untersuchungen der 60er- und 70er-Jahre noch an den Fabriktoren Italiens ihren Anfang nehmen, stellten die Precarias a la deriva die eigenen prekären Lebens- und Arbeitsbedingungen, also den eigenen Alltag, in den Mittelpunkt. Gleichzeitig gab es aber auch Ähnlichkeiten in der politischen Praxis, der die Selbstorganisation und Selbstermächtigung der Beteiligten am Herzen lag. Auch bezogen sich beide auf den 1880 von Karl Marx entworfenen *Fragebogen für Arbeiter*.

18 Der Film kann auf Spanisch mit deutschen Untertiteln auf der Seite von Labournet TV angesehen werden: https://de.labournet.tv/video/6036/abdriften-ueber-die-kreislaeufe-weiblicher-prekaritaet.

19 Hierzu gehört beispielsweise der Text »New Queens on the block. Transfeminismus und neue Klassenpolitik« von Lia Becker, erschienen in: Luxemburg. Gesellschaftsanalyse und linke Praxis, Am fröhlichsten im Sturm: Feminismus, 2/2018.

20 Tanja Abou: »Prololesben und Arbieter*innentöchter«, in: Kurswechsel 4/2015, S. 39–45.

21 Material zu bzw. der Proll-Lesbengruppen finden sich im Digitalen Deutschen Frauenarchiv: https://www.digitales-deutsches-frauenarchiv.de/akteurinnen/die-proll-lesbengruppen.

22 Hannelore Bublitz: *Ich gehörte irgendwie so nirgends hin … : Arbeitertöchter an der Hochschule*. Gießen: Focus Verlag 1980, S. 15.

23 Karl Marx/Friedrich Engels: Werke. Dietz Verlag, Berlin. Band 19, 4. Auflage 1973, Berlin/DDR. S. 230–237.

24 Ruth Sonderegger: »Multiple Klass(e)fizierungen in der (kunst-)universitären Bildung. Plädoyer für eine Auflockerung«, in: Drehli Robnik (Hg.): *Klassen Sehen. Soziale Konflikte und ihre Szenarien*. Münster: Unrast 2001, S. 26.

25 Silvia Federici: *Jenseits unserer Haut. Körper als umkämpfter Ort im Kapitalismus*. Münster: Unrast 2022, S. 129.

KAROLINA

Also, es gibt einen Fragebogen. Ich könnte ihn mal kurz vorstellen, dass du eine Idee hast. Du kannst zu jeder Frage so viel erzählen, wie du magst, kannst es kurz halten oder länger. Es ist völlig dir überlassen. Die Fragen sind eher Orientierungen. Wir fragen dich auch, wenn wir das Interview veröffentlichen. Nichts von dem, was du sagst, wird Verwendung finden, ohne dass du das noch mal hören kannst.

VERENA

Und ihr plant das aber in Schriftform mittlerweile?

KRISTINA

Genau. Aus den Interviews wollen wir gerne diese Publikation machen. Deswegen würden wir das alles noch mal in eine schriftliche Form bringen und dir vorher auf jeden Fall auch zukommen lassen und nichts machen, ohne dass du das mitbekommst.

VERENA

Ja, cool.

KRISTINA

Dann starten wir mal los. Soll ich anfangen? Okay. Kannst du uns erzählen, in welchem Bereich oder was du gerade arbeitest?

Fragebogen

In welchem Bereich oder was arbeitest du gerade?

Was arbeiten deine Eltern (Haben sie studiert?)

Wie bist du aufgewachsen?

Welche Rolle hatte oder hat Arbeit und finanzielle Sicherheit gespielt?

War das für deine Eltern wichtig?

Wie gehen deine Eltern damit um, was du heute machst?

Wie lebst du heute, hatte das für dich mit ~~sozialem Aufstieg~~ zu tun? Klassenwechsel

Woran merkst du das? Wie drückt sich dieser aus?

Welche Rolle hat Klasse / Klassismus in deiner Biografie gespielt?

Ist Klasse überhaupt ein Begriff, den du verwendest?

Wann hast du das erste mal gemerkt, dass es sowas wie Klassen gibt?

Kannst du dich an die Situation erinnern, kannst du sie beschreiben?

Wo & wann merkst du Klasse heute?

Welche Strategien hast du, um damit umzugehen?

Kannst du dich an eine lustige Geschichte oder Situation in zusammenhang mit Klasse erinnern?

Wir haben darüber gesprochen, dass Klasse in bestimmten Kontexten unsichtbar bleibt - wie geht es dir damit, geht es dir ähnlich?

Kannst du so eine Situation beschreiben? oder so einen Kontext

Wenn WCD ein Parfüm wäre, wonach würde es riechen oder wofür würde es stehen?

Edition Assemblage -> Ja

Radschlagende Oma

Sprechende

Julia lebt im Ruhrgebiet und hatte immer tausend Jobs.

Anna S. beschäftigt sich viel mit der Geschichte der DDR.

Malu ist Musiker:in und findet auch Subkulturen oft elitär.

Ewe hat selbst als Autorin manchmal Angst vor Büchern.

Désirée arbeitet als Künstlerin und Busfahrerin.

Ceyda ist voll stolz auf ihren Hintergrund.

Anna N. migrierte für eine Tanzausbildung von Polen nach Österreich und dann nach Deutschland.

Agnieszka würde ihre Mutter gerne mehr an ihrer Welt teilhaben lassen.

Samira hat um Marx lange einen Bogen gemacht, heute träumt sie davon, Superreiche zu enteignen.

Maja denkt darüber nach, wo sie Widerständigkeiten leben kann.

Verena ist in einer Autowerkstatt aufgewachsen, das prägt sie und ihre Arbeitsweise.

Schauplätze

Das Wohnzimmer, die Bibliothek, ein Theater, ein Museum, die Universität, das Hausprojekt und die WG, das Auswahlgespräch für ein Stipendium, die Sonnenallee, eine Bushaltestelle, eine Autowerkstatt, das Musikstudium, ein kleines Dorf in Slowenien, Berlin, Warschau, die süddeutsche Provinz, eine migrantische Wohnsiedlung, eine Autobahnblockade, Hungerstreiks in Bischofferode, eine Fabrik, eine Kneipe, die Grundschule, das Gymnasium, die Fähre von Ancona nach Griechenland, das Bedienstetenhaus im Garten einer Villa, ein Pool.

prol(l)og

DÉSIRÉE

Whiskey. So bittersüß, so herb, aber trotzdem wärmend, winterlich. Es ist auf jeden Fall Gold, keine Ahnung. Auf keinen Fall so blumig oder frisch, sondern es hat sowas Wonniges, sowas Umschließendes. Okay, weird, aber ja, das ist meine Antwort.

JULIA

Ich wollte als Erstes »Schweiß« sagen. Das war meine allererste Assoziation. Und dann dachte ich irgendwas Bittersüßes, weil, es ist nicht so platt wie nur Schweiß. Es ist nicht eindeutig. Ich glaube, es hat auch eine blumig-leichte Note. Aber die Basis, das ist ein schwerer Moschus, weil diese Arbeiterklasse, die ist sehr, also auch in meinem Bild, mit Männern in der Gewerkschaft verbunden. Da muss die *Working Class Daughter* noch mal durch. Deswegen Moschus, der auch irgendwie für einen männlich gelesenen Duft steht. Der ist das Fundament, aber es wird durchbrochen durch etwas Spritziges, wie eine Zitrone. Da kommt noch was Zitroniges, weil es auch bestechend ist. Man sagt ja auch, sauer macht lustig. Es ist auf jeden Fall ein Duft, der dadurch besticht, dass man ein bisschen überfordert damit ist, aber auf eine gute Art. Ein bisschen arty-farty auch. Dafür steht der. Und für etwas sehr Fluides. Ich frage mich gerade, ob es auch etwas ist, was von vielen begehrt wird tatsächlich. Also, ob das ein Duft ist, den eigentlich viele haben wollen würden, weil sie dann mehr Street-Credibility bekommen.

EWE

Es wäre so ein Fragrance in einer schwarzen, gut designt, aber auch ein bisschen trashy, Flasche mit Strasssteinen drauf, vielleicht auch ein bisschen mit punky Farben durchgezogen. Das wäre auf jeden Fall ein wildes, SCHARF riechendes, sexy Parfüm. Man riecht so jemanden, und die Person riecht wild und scharf und anziehend und hot. So würde das riechen. Also es wäre kein Rosé-Parfümchen, was ganz leise vor sich her duftet und nach Blüten riecht. *It would smell FIERCE.*

ANNA S.

Energie, Leidenschaft, Kreativität und so ein Sich-irgendwie-immer-wieder-Aufrappeln. Aber das beschreibt es gar nicht so gut vielleicht. Es würde ausstrahlen, wirklich oft auch in derber Scheiße noch Möglichkeiten zu sehen, etwas anders zu machen.

ANNA N.

Well, the *Working Class Daughters* perfume would smell for me of earth. And different ways of the soil of the earth, maybe the wet fertile soil, and how it smells. I also see an image of a factory, or like these really concrete man-made jobs that have to be performed by the working class. But for some reason, if I think of a perfume, it would NOT be a smell of a factory or iron or any kind of metal or dust. It would be more a smell of the soil. And the potential of the transformation of the soil, of working the field, of working the ground, doing the groundworks for something else to arise. So, actually, this would be the smell of the perfume for me.

VERENA

Also wenn ich an Gerüche denke, aus meiner Kindheit oder so, dann ist das halt Kaffee, Zigaretten, Benzingeruch, Öl. Das sind so richtig, richtig starke Assoziationen.

arbeiten_1

DÉSIRÉE

Ich habe da nie aktiv drüber nachgedacht, als ich die Entscheidung getroffen habe, Busfahrerin zu werden. Aber ich glaube, dass dieser Wechsel in eine Arbeiterklasse auch eine Art Grundmotivation dafür war. Also, dass man im Gegensatz zur Kunstwelt einfach wirklich einen direkten Draht zur Welt von eigentlich allen anderen hat und die aktiv mitgestaltet. Das kannst du aus der Perspektive des Künstler:innenseins sehr wenig. Man kann drüber nachdenken und es reflektieren, aber mir hat immer dieses Konkrete »Ich tue etwas in dieser Gesellschaft« gefehlt. Mit dem Wechsel in die klassische Arbeiterklasse habe ich den direkten Kontakt zu einer Art Realität gefunden, die quasi das gesellschaftliche Leben ausmacht. Man denkt vorher drüber nach, man fängt an, das zu tun, und nach einer gewissen Zeit fängt man auch an, zu verkörpern, dass man diese Arbeiterklasse ist, weil du tust ja auch nichts anderes. Ich hatte letztens die Situation hier in meiner Straße, da bin ich zum Spätkauf gegangen und es stand eine Gruppe Teenager davor. Dann hat der eine zu dem anderen gesagt, so angestupst und gesagt: »Hey, guck mal, hier ist unsere Busfahrerin.« Ich war in privater Kleidung und dachte, okay, jetzt kennt mich mein Kiez schon. Du bist halt *der Busfahrer*. Dann habe ich mich daran erinnert, wer war früher eigentlich unser Busfahrer? Man kannte diese Leute, man kannte den Postboten, man kannte den Busfahrer, und plötzlich ist man selber diese Person. Ich muss da auch drüber lachen, weil ich mich selber gar nicht so sehe, aber für die anderen bist du diese Figur. Was natürlich nicht ist, wenn ich in Marzahn-Hellersdorf fahre, da kennen die Leute mich nicht. Es ist Zufall, dass ich auch die Linien fahre, die hier in meinem Kiez sind.

SAMIRA

Arbeit hatte insofern eine Wichtigkeit, als es die Existenz überhaupt gesichert hat. Beide haben sehr, sehr viel gearbeitet. Im

Ruhrgebiet würde man »malochen« sagen. Meinen Vater habe ich am Wochenende eigentlich immer nur schlafend auf der Couch oder Fernsehen schauend wahrgenommen, und sonst war er einfach nicht da, weil er immer auf Montage war. Eigentlich würde ich sagen, dass das gesamte Leben von Arbeit geprägt war. Ich weiß jetzt aber nicht, ob es den beiden insofern *wichtig* war. Es musste gearbeitet werden, um überhaupt zu leben. Es wurde auch nicht hinterfragt. Es war klar, dass man einfach immer arbeitet. Auch bei meiner Mutter, obwohl diese Hausfrauentätigkeit nicht wirklich als gleichberechtigte Arbeit wahrgenommen wurde. Das hat sie erst später gesagt, dass sie eigentlich auch unfassbar viel gearbeitet hat, aber als Hausfrau und Mutter das gar nicht gleichwertig gesehen wurde zu dieser Montagearbeit meines Vaters. Aber natürlich, eine fünfköpfige Familie zu ernähren und immer für Essen zu sorgen, plus, dass wir immer sehr, sehr viele Gäste hatten, für die sie auch gekocht und gesorgt hat. Für mich wäre das absoluter Oberhorror. Aber bei meiner Mutter wurde es nicht wirklich als das wahrgenommen, als Arbeit. Und dann finanzielle Sicherheit, es ging schon auch sehr viel um Geld. Meine Mutter hat jedenfalls immer gesagt: »Wir kommen mit sehr wenig Geld aus, und wir überleben. Wenn wir nicht viel haben, ist das überhaupt kein Problem, weil wir brauchen nicht viel.« Daher wurde Geld nicht als das Nonplusultra angesehen. Es wurde als etwas angesehen, das man einfach braucht, um zu existieren. Aber natürlich war es insofern immer Thema, weil man das ja auch besorgen muss. Ich versuche gerade, mich zurückzuerinnern, ob es wirklich mal existenziell so prekär war, dass es echt schwierig war. Ich glaube, das hat sie vor uns geheim gehalten. Irgendwie hat sie das abgeschottet. Ich hatte jedenfalls immer das Gefühl, dass wir abgesichert sind finanziell. Ich weiß aber nicht, ob es wirklich immer so war. Zu arbeiten und finanziell abgesichert zu sein durch die Arbeit, das war auf jeden Fall das Lebensziel, *main goal*, und das ist auch heute noch so. Wenn ich mit meinen Eltern telefoniere, was nicht so oft der Fall ist, oder mit meiner Oma, die wichtigste Frage ist, ob ich genug Geld habe. Auch wenn ich jetzt einen Job habe, ist es so. Und wenn ich den wirklich versichere, es ist alles okay, es ist trotzdem so ein »Aber du sagst uns sofort, wenn nicht«. Es ist eigentlich scheißegal, wie es mir geht. Hauptsache ist, ich habe genug Geld, um zu überleben.

EWE

Mit meinen Eltern ist es sehr ähnlich. Ich habe gerade mit meiner Mutter telefoniert, bevor ich hier an diesen Tisch kam. Und ich merke, dass ich immer, wenn meine Eltern mich fragen, wie es mir geht, sage: »Gut, gut, alles gut.« Voll oft muss ich mich während dieser Sätze mega zusammenreißen, weil ich oft Phasen hatte, in denen es eben nicht gut war, weil entweder der Druck zu groß war oder eben jetzt, als freie Autorin, es finanziell anders ist im Vergleich zu meiner Anstellung an der Universität. Über diesen Umschwung haben sie mich einfach nicht gefragt. Sie fragen mich diese Fragen nicht direkt, aber ich merke ihre Unsicherheit in der Stimme. Ich merke auch, wie sie sich nicht trauen, das zu fragen und wie ich auch lieber will, dass sie es nicht fragen, weil ich das schon händeln werde. Und ja, *we don't talk about money*. Die wissen auch nicht wirklich, was ich mache. Seit zwei Jahren haben wir mehr Kontakt, und es gibt eine neue Annäherung und da haben sie ein bisschen versucht, sich damit zu beschäftigen. Und Arbeit, ja … Erst mal hat Arbeit ganz banal was damit zu tun gehabt, dass wir bleiben konnten. Nein, wenn wir über Arbeit gesprochen haben, dann war das nie etwas, was verbunden war mit einem Potenzial. Mit einem Potenzial, dass man sich erträumen kann, noch viel, viel mehr Geld zu haben. So wurde nie darüber geredet, obwohl ich auch Abitur gemacht und studiert habe, war das nie eine Utopie. Die haben sich das gar nicht erträumt. Arbeit war ein Riesenthema in meiner Familie, vor allem in den Jahren vor der uneingeschränkten Aufenthaltsgenehmigung und vor dem deutschen Pass. Arbeit war die Grundbedingung dafür, dass wir bleiben konnten. Meine Eltern haben diese ganzen Papiere und diesen Weg, der hochkomplex bei uns war, nur darüber gehabt, dass sie konstant Arbeit hatten. Meine Mutter hat vorher geputzt, bevor sie Altenpflegehelferin wurde, ungefähr acht Jahre. Mein Vater hatte als Erster einen einigermaßen sicheren Job. Ich weiß, wie es einmal darum ging, dass diese Firma zumachen sollte. Ich weiß noch, wie meine Mutter zu mir gesagt hat: »Okay, wir müssen jetzt beten.« Die hat mich zum Beten verdonnert. Das finde ich jetzt noch mal spannend, weil dieses Narrativ, dass man als migrantische Familie auf Sozialleistungen fällt und die ausnutzt, es ist nicht so, es ist genau das Gegenteil. Unsere Bleibesituation war sehr viele Jahre darauf angewiesen, dass meine Eltern ihre Arbeit behalten. Bei Arbeit ging es um eine Existenzgrundlage. Da geht es bei allen Familien drum, die nicht die ein Prozent sind oder sich über Erbe absichern. Aber da ging es auch um eine Bleibeperspektive und nicht nur um eine finanzielle Perspektive.

VERENA

Bei uns hat Arbeit auch immer die Hauptrolle gespielt, als gäbe es kaum einen anderen Bereich. Die Arbeit nimmt so viel Platz ein, die Existenzsicherung, Geld ranschaffen, sodass alles andere nur kleine Nebenbereiche sind. Das Leben ist eigentlich nur ein Nebenbereich von Arbeit, was sautraurig ist aus meiner Perspektive. Auch weil ich mich jetzt in einer anderen Klassenposition befinde. Ich arbeite heute immer noch, um meine Existenz zu sichern, aber auf einer Bewusstseinsebene habe ich mich entfernt. Das ist ein spannender und zum Teil trauriger Prozess. Ich möchte nicht mehr, dass die Arbeit so viel Raum einnimmt und das Leben davon beeinflusst wird. Ich glaube, wenn ich meiner Mutter diese Fragen stellen würde, da würde sie wahrscheinlich lachen und sagen: »Ja, hey, dat is dat Leben, dat gehört doch dazu. Dat is dat.« Sie würde lachen. Ihr hat Arbeit auch Spaß gemacht und der Kundenkontakt. Mir fällt es immer schwer, so darüber zu sprechen. Wir haben ja über Didier Eribon und *Rückkehr nach Reims* gesprochen und wie schwer es mir und uns gefallen ist, das Buch in einem Zug durchzulesen, weil es so betroffen macht. Mich hat betroffen gemacht, dass er eine soziologische Sicht auf seine Eltern und seine Herkunftsfamilie hat. Das kann ich nicht und will ich auch nicht. Ich liebe meine Mutter und bin stolz auf sie. Wenn ich über ihre Arbeit spreche und wie sie damit umgeht, dann steckt darin auch eine Stärke und etwas Empowerndes. Das will ich erhalten und weniger aus dieser soziologischen Sicht betrachten: »Ja, das ist ein schweres Leben und ein hartes Los, wenn man arm oder armutsgefährdet und als Arbeiter:in auf die Welt kommt.« Nee, es ist doch auch Quatsch. Wahrscheinlich ist das die Essenz, wenn ich mir wünsche, dass wir alle gleich viel haben.

ANNA S.

Bei meinen Eltern war Arbeit auch super zentral, vor allem aber bei meiner Mutter. Weil sie selbst in der DDR eine Art »Klassenaufstieg« hingelegt hat, gab es diese Erzählung: »Du musst dich ganz doll anstrengen, damit du ein gutes Leben später hast.« Aus ihrer eigenen Erfahrung heraus, sich ziemlich angestrengt oder ziemlich krass gestruggelt zu haben, war es etwas, was sie mir mitgegeben hat. In den 90er-Jahren, mit diesem neuen Land, in dem wir auf einmal gelebt haben, war ihre Erfahrung, dass man sich richtig reinhängen muss, und dann schafft man es aber auch. »Vom Tellerwäscher zum Millionär«, damit bin ich groß geworden. Arbeit war dabei ganz zentral. Darin lag aber manchmal auch ein Abwerten von Leuten, die arbeitslos sind – was in meiner Jugend total normal war. In der Stadt, wo ich zur Schule gegangen bin, waren dreißig Prozent arbeitslos in den 90er-Jahren. Eigentlich war das total normal. Sowas hat mich auch geprägt, dieses »Man muss arbeiten, dann ist man vollwertiges Mitglied dieser Gesellschaft.« Ich schaue da mittlerweile kritischer drauf, weil ich merke, dass ich einen krassen Arbeitsethos habe. In meinem Studium, aber auch mit Sachen, die ich jenseits von Erwerbsarbeit oder Ausbildung mache, wie politischer Arbeit, habe ich einen krassen Leistungsethos. Das kommt schon auch daher. Ich versuche, mir das ein bisschen abzutrainieren. Dabei sind mir meine Freund:innen aus dem Westen wirklich Gold wert, weil die nicht so einen krassen Arbeitsethos und Produktivitätsethos haben wie ich. Für mich war Produktivität lange etwas Positives und etwas schaffen ist auch was Schönes. Jetzt habe ich mit älteren Ost-Frauen drüber gesprochen, und die sagen auch, dass es eines der größten Probleme in der DDR und auch in der Oppositionsbewegung war, dass man nie über diesen Leistungsethos und über diesen Arbeitsethos gesprochen hat. Und dass uns das ein bisschen von West-Frauen unterscheidet. Das finde ich spannend. Da kann man echt voneinander lernen unter Frauen. Ich sehe oft bei Ost-Frauen eine Unabhängigkeit und Selbstständigkeit, also unabhängig von dem Geld vom Mann zu sein, weil man einfach selber Arbeiterin ist oder arbeitet. Und gleichzeitig aber von meinen West-Freund:innen zu lernen, es gibt nicht nur Arbeit im Leben. Das ist schön.

CEYDA

Ja, genau, es gibt nicht nur Arbeit im Leben. Arbeit hat auch bei uns in der Familie einen sehr hohen Stellenwert, aber Arbeit ist natürlich nicht alles. Uns ging es finanziell nicht immer gut, mein Vater war auch lange arbeitslos. Er hat dann in der Zeit ganz andere Dinge gemacht. Er hat sich zum Beispiel in einem Theater engagiert und war dort Bühnenbildner, aber alles ehrenamtlich. Arbeit ist wichtig, aber Arbeit ist nicht super, super wichtig für meine Eltern. Die sind schon sehr auf Urlaub fixiert, gemeinsam Urlaub machen, und an Wochenenden nicht arbeiten und einen schönen Ausflug machen. Aber wenn ich mir jetzt meine Großeltern angucke, die sind schon in Rente und reden immer noch von Arbeit: dass die Arbeit ihnen voll gutgetan hat, dass sie den sozialen Kontakt über die Arbeit hatten und viel unterwegs waren, viel selbstständig waren. Als die Arbeit plötzlich weg war, war das für sie voll die krasse Umstellung. Meine Oma, wenn sie mich fragt, wie es mir geht, redet eigentlich nur über Arbeit: »Was arbeitest du?« oder »Gut, dass du arbeitest, mach weiter!« oder »Ach, du arbeitest? Ja, dann kannst du dieses Wochenende nicht kommen, gut, gut, arbeite ...« Da ist Arbeit mega großgeschrieben. Aber bei meinen Eltern nicht so, weil sie auch die Erfahrungen mit Nicht-Arbeit gemacht haben, glaube ich. Meine Oma war Putzfrau, und mein Opa hat zuerst im Kohlebergwerk gearbeitet im Ruhrpott, dann war er in einer Glasfabrik. Er war aber immer gewerkschaftlich organisiert. Er hat heute noch eine Urkunde von der Gewerkschaft, dass er da über 25 Jahre lang Mitglied war. Immer wenn ich Freunde oder Freundinnen zu meinen Großeltern nehme, dann zeigt er diese Urkunde und ist ganz stolz darauf, dass er damals in der Gewerkschaft war.

DÉSIRÉE

Ich finde die Frage nach der Identifikation mit Arbeit sehr spannend, die schon ein bisschen aufgeworfen wurde. Mir wurde ziemlich am Anfang von einem Kollegen gesagt: »Kind, entspanne dich, jeder Dienst hat ein Ende.« Und es ist wirklich so, der ist vorbei. Um 13:27 Uhr, wenn du nicht Verspätung hast, ist dieser Tag durch. Alles, was danach passiert oder während einem Dienst passiert, ist wie von einer entfremdet. Das gehört wie nicht zu dir, du trägst es auch nicht mit dir rum. Das finde ich wieder in der Frage, du bist nicht nur, was du tust. Ich habe eine Arbeit, aber das ist nicht zwingend das eine Mittel, über das ich mich identifiziere. Das ist mir vorher als Künstlerin sehr oft passiert, dass die Arbeit als Künstlerin meine Identität darstellt und dass man dann auch immer anfängt, zu zweifeln. Das hat diese Arbeit überhaupt nicht, diesen Faktor. Das ist ein Teil von dir, das ist die Arbeit und das ist viel Zeit, aber es ist ein relativ kleiner Anteil von der Identität. Das finde ich sehr schön an der Tätigkeit. Ich mag Busfahren einfach, ich liebe es. Es ist nicht immer ganz einfach in dieser Stadt. Ich glaube, wenn du in Brandenburg Busfahrerin bist, das ist ein entspannteres Leben. Ich glaube aber, wenn ich in Brandenburg leben würde, wäre ich nicht auf die Idee gekommen, Busfahrerin zu werden. Hier ist es einfach eine Form von Nervenkitzel. Wenn du die Sonnenallee hoch und runter musst, da öffnen sich alle Sinne, die du haben kannst. Die musst du in dem Moment aktivieren, weil sonst hast du noch jemanden unterm Bus liegen. Das mag ich, diesen Vergleich zu vorher auf der Bühne, das ist ein ähnlicher Zustand, dass du wieder deinen Wahrnehmungshorizont öffnen musst. Das ist wie eine Art Aufmerksamkeitstraining. Das finde ich sehr schön an der Arbeit. Man ist echt stolz teilweise, dass man gewisse Situationen einfach händeln kann und ist trotzdem dabei unsichtbar, weil die Fahrgäste nicht mitbekommen, was ich für Entscheidungen treffe. Ich gucke in eine Straße, ich sehe, okay, da steht rechts DHL, da ist Fahrraddemo, und ich muss durch diese Straße sauber und ohne Bremsen durchkommen. Du hast eine Art choreografisches Verständnis vom Verkehr. Natürlich kann immer wieder was dazwischenkommen. Dann kommt ein Linksabbieger und nimmt dir die Vorfahrt, aber du hast dieses Überblick-Behalten, das keiner mitbekommt und dieses »Hach, ich habe es geschafft!«. Der Erfolg in dem Job, das sind sehr, sehr kleine Momente, die sehr viel bringen als Eigenwertung oder Bewertung. Ich meine, unser Hof hat 38 Linien, ich selber fahre ungefähr 25 bis 28 Linien, und die wiederholen sich. Du verstehst dann auch die Dynamiken von deiner Linie. Zum Beispiel der 255er, der fährt im Wedding, Osloer Straße, los – da hast du diese Art von Verkehrslage und auch Fahrgäste. Es verändert sich immer alles mit einer Art Linienführung durch verschiedene Bezirke. Am Donnerstag fahre ich den 194er, das heißt, ich stelle mich auf den 194er als Linienkonstrukt ein. Wenn ich jetzt den 156er fahren würde, dann würde ich anders in den Dienst gehen. Du hast eine Art mentale Vorbereitung, weil du einfach weißt, was auf dich zukommt, weil das Fahren an sich nicht mehr anstrengend ist. Du kannst auf jeden Fall einen Bus fahren. Es gibt zum Beispiel Dienste, wo wir unterschiedliche Linien an einem Tag fahren. Die Kombination 156er und 158er, das sind so unterschiedliche Linien, und wenn man die an einem Tag fahren muss, dann zerreißt es eine. Du kannst dich nicht drauf einstellen, oder mir geht das auf jeden Fall so, dass du halber Dienst die Linie hast, die ist komplett verrückt, die andere Linie ist ganz ruhig. Das geht nicht zusammen als Dynamik. Aber der Dienstzuteilung, denen ist das egal, wie sich das anfühlt.

CEYDA

Als du »Jeder Dienst hat ein Ende« gesagt hast, ist mir eine Geschichte von meinem Opa eingefallen, die ich noch unbedingt erzählen will. Mir ist das Tagebuch von meinem Opa in die Hände gerutscht, also der andere Opa jetzt. Mein Opa kam Ende der 60er-Jahre von der Türkei nach Deutschland, und während seiner Reise nach Deutschland hat er ein Tagebuch geführt, auch über seine Arbeit hier. Er hat in einer Fabrik gearbeitet und in einem Wohnheim gelebt mit anderen Männern, und er hat von den schweren Arbeitsbedingungen geschrieben. Ich habe diesen Opa nie kennengelernt, aber ich fand es echt heftig, dieses Dokument in der Hand zu haben und das aus meiner heutigen Sicht mir anzugucken und zu reflektieren. Ich habe das auch in meine Masterarbeit eingebaut. Es war eine krasse Selbstreflexionszeit, wo ich stark drunter gelitten habe. Ich kann mich erinnern, ich hatte so oft schlechte Nächte. Dieses ganze Wissen, was ich aus meiner Herkunftsfamilie habe, und dann diese ganzen Theorien aus der Uni, die um mich herumgeschwirrt sind, das in der Kombination zu erleben, da musste ich mich in einen Schaffensprozess begeben. Dann ist diese Masterarbeit daraus entstanden. Da habe ich mich mit Widerstandspraktiken auseinandergesetzt in dem rassistischen Deutschland, auch ganz viel mit subversiven Widerstandspraktiken. Die habe ich auch in diesem Tagebuch von meinem Opa entdeckt. Das hat mich total inspiriert. Obwohl er die Sprache nicht konnte, in einem fremden Land war und keinen blassen Schimmer hatte, warum er in diesem Wohnheim leben muss, warum er keine Wohnung beziehen kann, obwohl er ganz viele Erfahrungen von Ungerechtigkeit gemacht hat, er hatte *auch* Momente des Subversiven, also Momente des Sich-Widersetzens. Zum Beispiel steht an einer Stelle von seinem Tagebuch, dass er »*bugün kranka çıktım*«. Er hat sich einfach krankschreiben lassen, obwohl er nicht krank war. Er hatte einfach keinen Bock und hat die Arbeit boykottiert. Das fand ich so cool. Dieser Satz wird heute noch in meiner Familie genutzt. Zum Beispiel, ich telefoniere mit meinem Vater, und dann sagt er: »Ja, *bugün kranka çıktım*. Heute habe ich mich krankschreiben lassen. Ich hatte keinen Bock, ich musste da noch was erledigen.« Das zeigt mir wieder, Arbeit ist nicht alles, das Leben spielt sich auch woanders ab. Wenn ich keinen Bock mehr habe, dann lasse ich mich krankschreiben. Und ich praktiziere das auch heute noch.

lustige_geschichten

MAJA

Also zwei Geschichten fallen mir ein. Bei uns in der Schulzeit haben wir immer am Montag erzählt, was wir am Wochenende gemacht haben. Irgendwann habe ich gecheckt, die Leute machen voll die krassen Sachen am Wochenende, machen Ausflüge, gehen in den Zoo, dann gehen sie hierhin und dahin und erleben krasse Sachen. Ich habe dann meine Eltern dazu gezwungen, dass wir auch etwas machen, damit ich das in diesem morgendlichen Montagskreis erzählen kann. Es war natürlich total absurd, weil wir nicht jedes Wochenende irgendwelche krassen Sachen erleben konnten. Aber dass mir das schon voll früh wichtig war oder ich als sechsjährige Mausi gecheckt habe, dass es wichtig ist für andere und dass es peinlich war, dass man nicht so war wie die anderen, das finde ich irgendwie funny. Wir hatten auch immer eine Handpuppe, die jeder einmal am Wochenende mitnehmen durfte, und da musste man auch etwas erleben mit dieser Handpuppe. Das war auch eher für die anderen, dass man was erlebt hat. Das ist wirklich richtig absurd.

JULIA

Jetzt, wo du das erzählt hast, fällt mir ein, dass wir in der Grundschule Aufsätze schreiben sollten, wie unser Wochenende war und was passiert ist. Ich habe das ziemlich wahrheitsgemäß gemacht. Bei uns ist einfach nicht viel passiert, außer dass ich ein Buch gelesen und mich draußen mit meinen Freund:innen getroffen habe. Und die anderen fahren in den Park oder weiß ich nicht, was die gemacht haben. Ich glaube, ich habe am Anfang vorgelesen und die Lehrerin hat mir dann eine schlechtere Note gegeben, weil sie meinte, es sei langweilig und unkreativ und dass ich das noch mal machen muss. Dann war ich schockiert, weil ich dachte, hä, das war halt mein Wochenende. Ich habe dann gemerkt, dass man mit der Familie am Wochenende etwas unternehmen kann. Bei mir gab es diese vielen Familienunternehmungen nicht. In der Grundschule war meine Mutter noch alleinerziehend. Das finde ich tatsächlich aber auch nicht witzig. Ich glaube, wenn es um etwas Lustiges geht, dann ist es die Sache, dass meine Oma mir immer meine Klamotten genäht hat. Dadurch, dass sie viel genäht hat, hatte ich viel Kleidung. Da waren auch ziemlich tolle Sachen dabei, wie eine Glitzerumhängetasche, und wenn ich noch ein Einhorn gefunden habe, dann kam das auch drauf. Ich glaube, ein paar Accessoires haben vielleicht sogar den Neid meiner Mitschüler:innen geweckt. Da war klar, da ist man so special, das ist auch cool in der Grundschule. Ich war dann trotzdem noch Außenseiterin 3000, aber wenn man in Grundschul-Hierarchien denkt, eher auf dem drittletzten Treppchen. Ich glaube, da spielte rein, dass es die falschen Statussymbole waren, aber irgendwas daran glitzerte, und das war schön. Aber es stand leider nicht Buffalo oder BABY-G drauf. Das ist jetzt blöd.

CEYDA

Mir fällt zu dem Thema Kleidung und Geschmack noch eine lustige Geschichte ein. Ich habe an der Universität Erlangen Elli kennengelernt, eine meiner besten Freund:innen. Mit ihr habe ich viel geteilt, und sie hat auch einen ähnlichen Background wie ich. Sie ist in Russland aufgewachsen, dann mit sechs nach Deutschland gekommen, ihre Eltern sind Arbeiter:innen und sie war auch die Erste, die an die Universität gekommen ist und so weiter. Ich habe sie mal besucht, da war ich auf der Suche nach einem Outfit für die Hochzeit meiner Cousine. Und sie meinte: »Ja, komm, hier hat ein neuer Laden eröffnet, TK Maxx, lass uns da hingehen. Wir suchen dir jetzt das perfekte Kleid.« Und dann war ich da, und wir haben verschiedene Kleider ausprobiert. Ich hatte ein violettes pastellfarbenes Kleid. Dann war sich Elli aber nicht sicher, ob mir das steht, und hatte die geniale Idee, die Frauen, die auch in der Umkleidekabine waren, zu fragen. Dann haben sie mich gesehen in diesem Kleid und meinten: »Boah, das geht gar nicht. Wie siehst du denn aus? Pastelltöne machen dich total unsichtbar, du brauchst was Knalliges. Okay, wir kümmern uns jetzt um dich, wir holen jetzt die schönsten Teile raus.« Und dann haben sie was Knallrotes, was Knallpinkes, was Knallgrünes, was Gelbes geholt und haben mich bombardiert mit Kleidungsstücken, die ich anziehen musste. Auch Elli musste sich umziehen. Sie hatte einen riesenweiten Pulli an.

Da haben sie gesagt: »Boah, Mädchen, wie läufst du rum? Ausziehen! Hier, nimm das, das steht dir.« Dann sind wir da raus und waren total paralysiert, aber hatten auch einen Moment der Erkenntnis. Wir dachten, dass wir aufgrund unserer Klasse nie die Möglichkeit hatten, eine Art Geschmack zu entwickeln oder sowas wie »Was steht mir eigentlich, welche Farben stehen mir?«. Wir haben immer irgendwas angezogen, was wir von unserer Cousine geschenkt gekriegt haben, die alten Sachen eben, oder was billig war in einem Shop. Wir hatten da einen klaren Moment und haben alles reflektiert. Danach waren wir bei Elli im Zimmer und haben uns ihr Zimmer angeguckt. Das war nur zusammengewürfelt, irgendwelche Schränke und Tische, die sie auf der Straße gefunden oder von ihrem Mitbewohner geschenkt gekriegt hat. Bei mir war es ähnlich. Ich habe immer irgendwas zusammengebastelt. Dann dachten wir, ja, Bourdieu hat so recht. Auch voll witzig, wir gehören einer Klasse an, also der Arbeiter:innenklasse, aber reflektieren darüber und argumentieren mit Bourdieu. Dann haben wir uns fest vorgenommen, wir entwickeln jetzt einen Geschmack. Da haben wir uns verschiedene Teile in ihrem Zimmer angeguckt. Dann hat sich Elli gefragt: »Mag ich das wirklich, warum habe ich das, warum finde ich das schön?« Daran arbeiten wir immer noch. Ich habe meine WG-Mitbewohner:innen immer total bewundert, wie sie ihr Zimmer einrichten und was sie im Zimmer so machen. Ich hatte mein wirklich erstes eigenes Zimmer erst in einer WG, und ich kannte es nicht, ein eigenes Zimmer zu haben. Irgendwann hat mein Vater eine Wand gebaut in unser Zimmer. Dann hatte ich ein minikleines eigenes Zimmer, und mein Bruder hatte ein minikleines eigenes Zimmer. Aber das waren Pseudozimmer, weil ich durch das Zimmer von meinem Bruder durchmusste, um in mein kleines Mini-Zimmer zu kommen. Die erste eigentliche *Zimmer*erfahrung, Das-eigene-Zimmer-haben-Erfahrung, war in der WG. Ich hatte eine Freundin in dieser WG, Luisa hieß sie. Sie kam immer völlig fertig aus der Uni oder vom Capoeira nach Hause und meinte: »Boah, es war voll der anstrengende Tag, ich muss jetzt erst mal chillen.« Dann ist sie in ihr Zimmer und hat die Tür zugemacht. Ich fand das richtg krass, dass sie einfach die Tür zumacht und mich quasi nicht teilnehmen lässt. Ich fand das total unhöflich mir gegenüber, weil in unserer Familie die Türen sehr, sehr selten zu waren. Sie liebte das aber so sehr, alleine im Zimmer zu sein und Sachen zu machen. Ich habe mich über Jahre hinweg schwergetan, mich in meinem Zimmer aufzuhalten. Was macht man denn da? Keine Ahnung. Ich habe in dieser ersten WG-Erfahrung auch meine Tür zugemacht, und das war ein komisches Gefühl. Ich habe das erst sehr, sehr spät gelernt. Und heute mache ich die Tür zu und habe kein schlechtes Gewissen. Aber wenn die eine Mitbewohnerin nach Hause kommt, finde ich es scheiße, mich im Zimmer aufzuhalten und sie nicht gleich zu begrüßen. Ich glaube, das hat alles was mit Klasse zu tun, diese Zimmer-Frage oder diese Tür-Frage. Es war ja nicht so, dass wir zu Hause nichts gemacht haben. Wir hatten Arbeitsabläufe, die in jedem Haushalt stattfinden, aber Dinge der Selbstbeschäftigung hatte ich ganz wenige zu Hause. Für sich was Gutes zu tun, das kannte ich nicht. Also *zusammen* tut man sich was Gutes. Aber für sich alleine? Das musste ich sehr spät lernen.

MALU

Meine lustige Anekdote zum Thema Geschmack ist auf alle Fälle, wenn es darum geht, Wein zu bestellen. Das fällt mir heute noch schwer, obwohl ich mittlerweile sehr gut Französisch spreche und auch in Frankreich gelebt habe. Aber sobald ich eine Weinkarte vorlesen soll und französische Namen, schaffe ich das nicht mehr. Meine Strategie bei Weinbestellungen war einfach, den Wein zu bestellen, den ich am ehesten aussprechen kann. Das finde ich eine gute Strategie, einfach den Wein zu bestellen, den du aussprechen kannst, oder einen zu suchen, den du ganz gut aussprechen lernen kannst. *Merlot* kann man ganz gut aussprechen. Aber *Chardonnay* oder solche Sachen, das kann ich nicht, obwohl ich vergleichbare französische Wörter gut aussprechen kann. Alles, was mit Wein zu tun hat, kann ich auch heute nicht aussprechen, selbst wenn es eine coole Kneipe ist. Ich bekomme nach wie vor eine Verengung in meinem Hals und kann nicht mehr richtig sprechen. Manchmal frage ich Leute, ob sie für mich den Wein mitbestellen können, oder ich trinke ein Radler. Das ist einfacher auszusprechen. Es ist ja auch nicht überlebensnotwendig, gediegenen Rotwein bestellen zu können.

SAMIRA

Das hat jetzt nichts mit Geschmack zu tun, sondern mehr mit dem Blick von außen, den Maja und Julia beschreiben. Was mir da eher einfällt, ist der türkische Background, den ich habe. Ich glaube, es wirkte im Nachhinein extrem absurd, dass beispielsweise die Familie meines Vaters in einem Haus gewohnt hat, was wirklich komplett runtergekommen war. Das Haus war bevölkert mit türkischen Familien, und da wurde ein ost-anatolischer Lifestyle praktiziert. Der Garten wurde komplett eingenommen mit tausend Kindern und tausend Menschen, und dann wurde da gegrillt und keine Ahnung was. Ich glaube, von außen wirkte das ein bisschen anarchomäßig. Also unser Spielplatz war ein Müllplatz, und das war wirklich wundervoll. Es war wirklich so richtig, richtig toll. Ich glaube, auf Leute von außen wirkte das sehr komisch, aber für mich war das voll Normalität. Es war völlig normal mit diesen Familientreffen, wo dann Plätze bevölkert wurden. Das war für mich damals Normalität, aber jetzt im Nachhinein schon auch crazy. Das war ein leerstehender Bahnhof, so ein Bahnhofsgebäude, wo diese Familien reingesteckt wurden.

EWE

Diese Situation fällt mir ein. Die hat was mit Theater zu tun. Für mich sind diese Geschichten lustig, aber es hat auch was mit meiner Distanz zu tun, weil es für viele Beteiligte eben nicht lustig ist. Aber es gab eine Geschichte. Seit den letzten zwei Jahren gehe ich ab und zu mit meinen Eltern ins Theater. Wir haben uns entschieden, ins Theater Bremen zu gehen. Es war eine Opernadaption eines Regisseurs, der die sehr zugänglich macht oder sie so inszeniert, dass ich sagen würde, eigentlich kann die fast jede:r gucken. Ich habe mir das ausgesucht und dachte, cool, da wird gesungen. Es ist immer gut, mit Eltern in etwas zu gehen, wo nicht nur gesprochen wird. Wo gesungen wird, gehen sie am Ende raus und sagen: »Boah, die hatten schöne Stimmen.« Und es bringt ihnen auch etwas. Es ist ja auch krass, Stimmen zu hören auf der Bühne. Ich wusste, dass es zugänglich ist. Bisher ist es immer so gewesen, wenn ich mit denen im Theater war, dass mein Vater verschwindet. Der verschwindet einfach fucking immer. Zehn oder fünf Minuten vor Einlass ist er immer weg. Das ist mehrfach passiert, so auch im

Theater Bremen. Ich war mit meiner Mutter draußen, und wir haben ihn nicht gefunden, nicht im Foyer, nirgendwo. Es macht irgendwas in ihm, dass er kurz vorher verschwinden muss. Ich kann es mir natürlich erklären als Überforderung. Wenn man ihn fragt, gibt er aber keine Antwort. Okay, zweiter Gong, wir müssen rein. Wir hatten billigere Plätze und gehen in unsere Reihe weit hinten, und mein Vater sitzt schon in der Reihe. Der sitzt schon da drin! Er ist schon reingegangen, ohne uns Bescheid zu sagen. Es war ein Sonntag, und das war eine besondere Vorstellung, weil mit Bussen Leute angekarrt wurden, vor allem ein älteres Publikum, Opernpublikum. Die waren alle in Kostümchen und mega official angezogen. Natürlich ist das auch eine alte Generation, die nichts mit diesem innovativen neuen Theater zu tun hat. Wir sitzen also in einer Reihe, mein Vater sitzt außen, dann meine Mutter, dann ich, und neben uns sitzt eine Gruppe von Frauen, Opernpublikum. Dann geht das Ding los. Es war, als Literatur- und Theaterwissenschaftlerin, eine interessante Vorführung, weil die Leute sehr viel geredet und kommentiert haben, weil klar, es war eine Oper ganz anders inszeniert. Das ist denen ein bisschen gegen den Strich gegangen. Da in der Region, wo wir saßen, haben ältere Männer geredet. Ich habe die auch reden hören. Es war aber eine Akustik, dass man es nicht genau lokalisieren konnte. Und während das immer wieder passiert ist, drehen sich diese Frauen regelmäßig zu uns um, immer wieder. Es hat uns, und mich auch, schon voll gestresst. Ich habe gemerkt, wie meine Eltern immer versteinerter wurden und immer unbeweglicher und es ihnen immer unangenehmer wurde. Meine Mutter hat mich schon gefragt: »Was ist da?« Und ich so: »Na ja, keine Ahnung, die drehen sich um, mach dir keine Sorgen.« Dann war das Ding vorbei. Wir stehen auf, und die Lichter gehen an. Dann kommen diese Frauen zu uns und sagen: »Das ist total unmöglich, dass sie das hier gemacht haben. Das ist hier Oper. Hier benimmt man sich, hier redet man nicht.« Meine Eltern haben sogar vorher gefragt, ob sie was Besonderes anziehen sollen. Und ich, mit meinem neuen Theater-Selbstbewusst, denke, nee, ich gehe da so rein, wie ich immer reingehe. Es ist offen für alle. Wir waren aber deutlich underdressed und sahen komisch aus. Und dann kommen diese Frauen und belehren uns. In diesem Moment ist etwas Interessantes in mir passiert. Ich bin keine, die sich laut und aggressiv oder mit Schreien wehrt, aber ein Ding in mir hat einfach gesagt: »Ey, you know.« Ich habe gemerkt, ich gehe jetzt mit diesen Frauen in eine Auseinandersetzung. Ich wusste aber, dass ich es kann, weil ich deren Sprache spreche. In dem Moment ist meine super *high-class*, deutsche, akademische Sprache, jeder Satz perfekt, viele Nebensätze verschlüsselt, Operntheorie, Theaterkontext-Theorie, reingekommen. Ich habe mir diese Sprache, die ich erlernt habe, angezogen, um mit diesen schlimmen Frauen in eine Diskussion zu kommen. Meine Eltern standen daneben, und wir wurden immer lauter. Sie sind dann geflüchtet, und die Frauen haben nicht lockergelassen. Ich habe aber auch nicht lockergelassen. Dann habe ich gesehen, dass der Abenddienst wie schüchterne Katzen immer um die Tür geguckt hat. Der Saal war schon relativ geleert, und wir waren in diesem Zoff. Ich war im Zoff mit diesen Frauen. Und dann habe ich gedacht, der Abenddienst wird reinkommen und mich rausschmeißen, nicht die. Der Abenddienst hat es aber total deeskaliert und gut gemacht. Später habe ich herausgefunden, dass dieses Event in den Abendreport des Theaters, den sie machen, wenn etwas Abweichendes passiert, aufgenommen wurde, aber als etwas wie »Hey, das geht nicht«. Der Abenddienst hat es so kommuniziert: »Da war ein Zusammenprall zwischen offensichtlich *straightem* Opernpublikum mit offensichtlich Nicht-Opernpublikum.« Aber mit einer Aufforderung, dass das nicht geht: »Wir müssen darauf achten, dass es ein zugängliches Haus bleibt.« Eigentlich total cool, die Geschichte. Das habe ich später erfahren über eine Freundin, die dort eine Hospitanz gemacht hat. Ich finde interessant, was in diesem Moment passiert ist. Es ist eine lustige Geschichte. Ich könnte gleich eine Szene daraus schreiben. Diese Rage, des sich hochgearbeiteten Arbeiterkindes, was gegen dieses Opernpublikum diesen Krieg führt und sich plötzlich diese Sprache anzieht. Aber was scheiße ist, sind meine schweigenden Eltern daneben. Die haben geschwiegen und hatten keinen Bock darauf, dass ich mich mit denen gestritten habe. Das war nicht schön für sie. Sie waren eher so »Komm, lass raus« und »Es ist doch egal«. Wenn ich auf sie gucke, dann tut es mir extrem leid. Mir ist kein Leid widerfahren, weil ich mich mittlerweile wehren kann, aber sie nicht. Sie werden nicht noch mal so gerne in die Oper gehen. Die werden denken, fuck, da sind halt diese Leute. Ich weiß, es gibt viele Theater, die überhaupt nicht so funktionieren. Trotzdem gibt es Räume, die immer noch krass mit Klasse zu tun haben, wo Leute wie meine Eltern niemals reingehen würden. Die würden, wie mein Vater, die Krise schon im Foyer kriegen und weglaufen. Das ist auf jeden Fall voll die Klassenerfahrung gewesen, dieser Besuch.

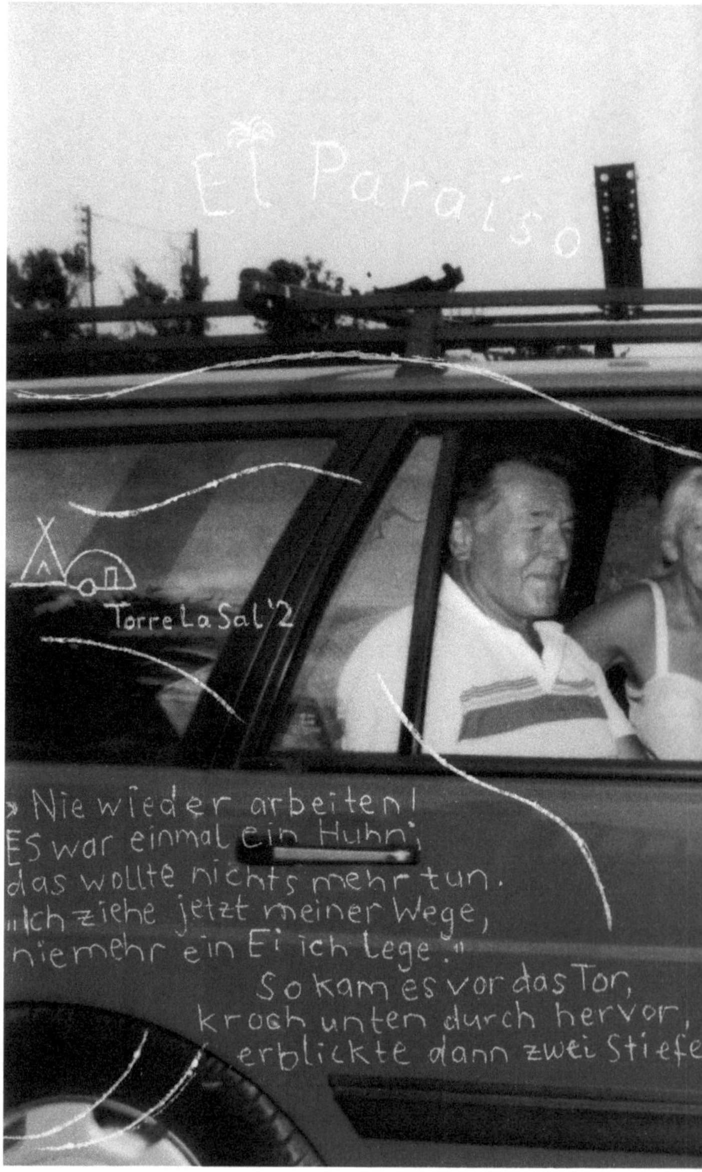

»Frührente« (1988/2024)

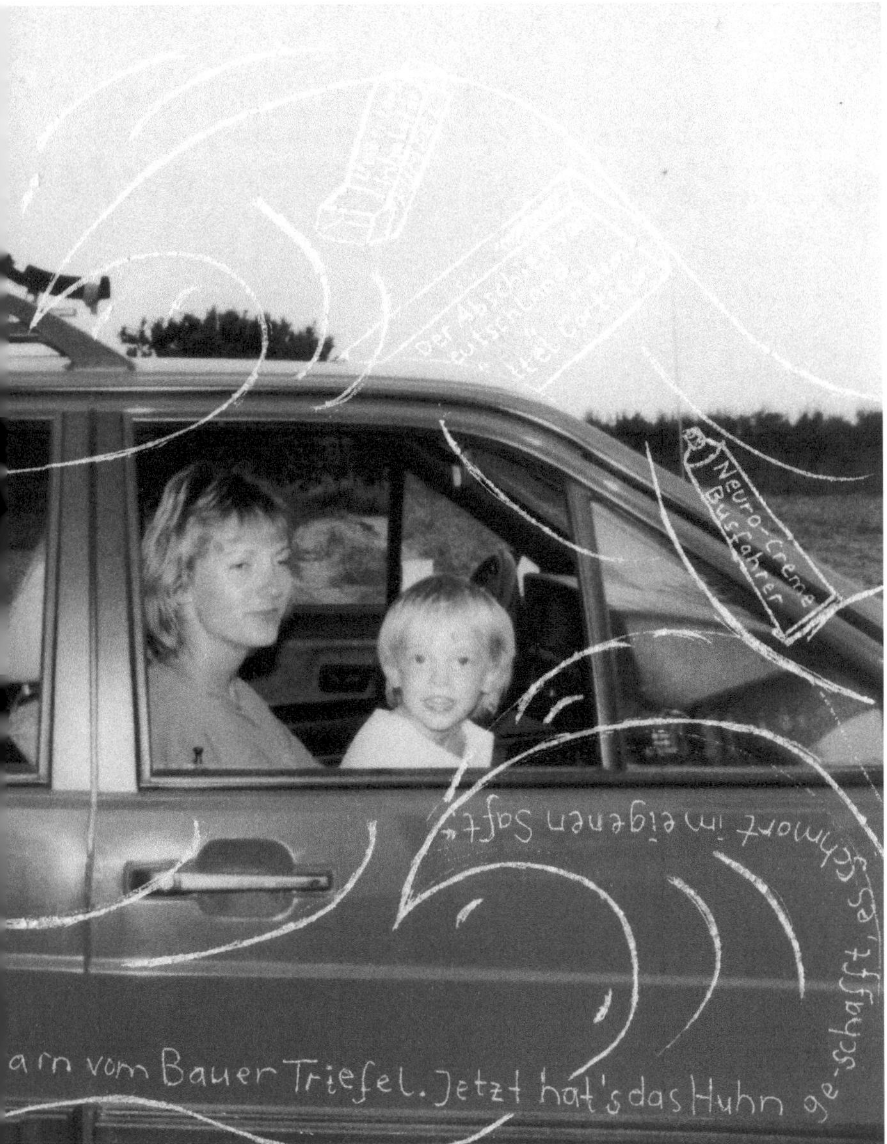
Neuro-Creme
Busfahrer
arn vom Bauer Triefel. Jetzt hat's das Huhn ge-schafft, es schmort im eigenen Saft."

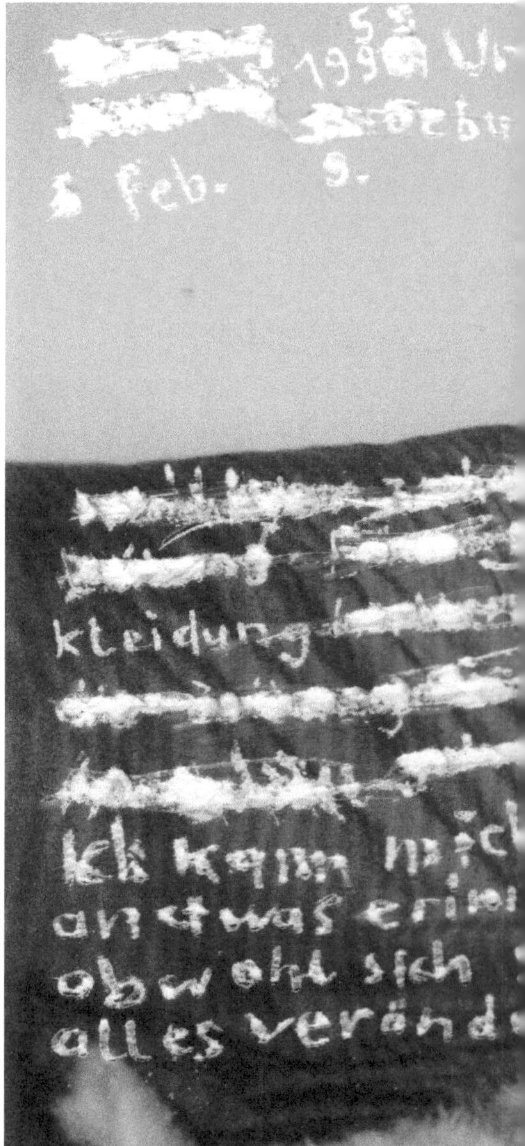

»Parodie« (1996/2023)

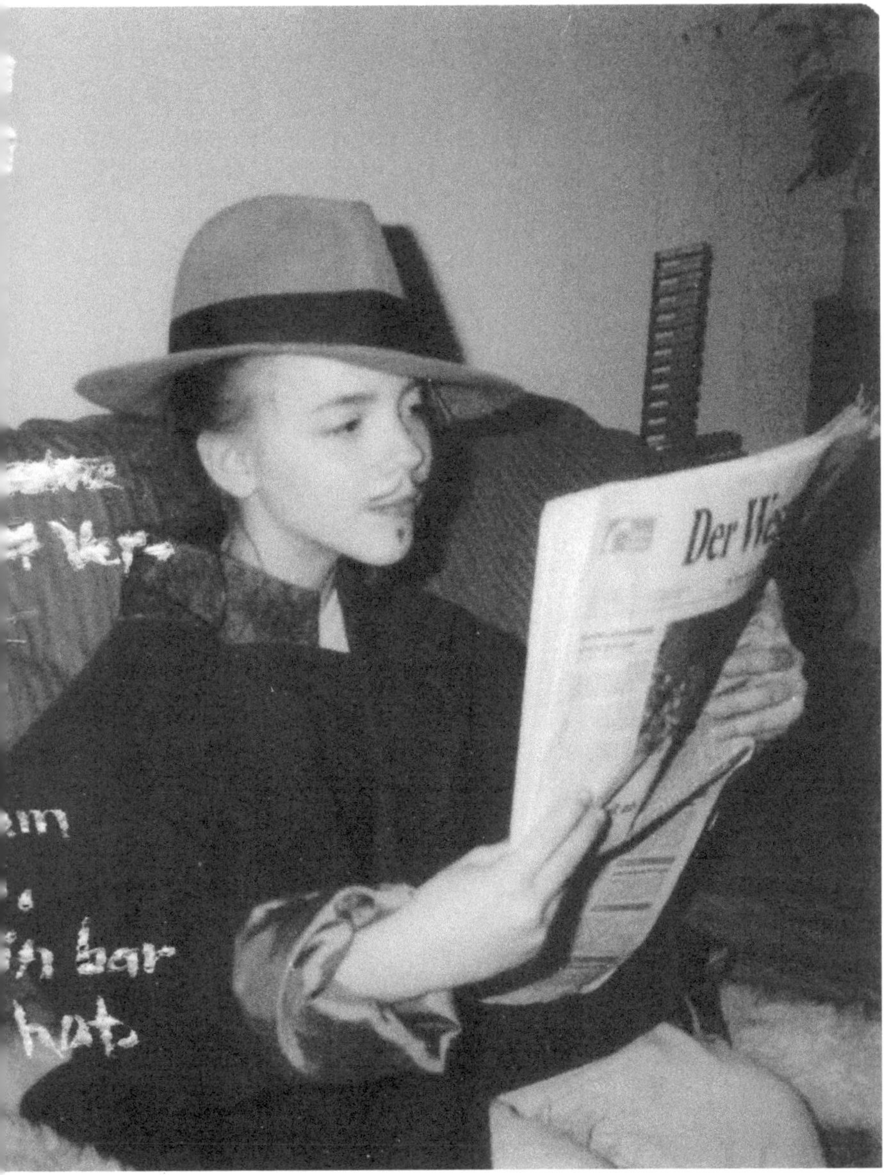

klasse_erfahren

SAMIRA

Ich musste zuerst an den Erdkundeunterricht denken, wo wir das indische Kastensystem durchgenommen haben. Dass es auch in der Bundesrepublik Deutschland Klassen gibt, ist mir damals nicht in den Sinn gekommen. Man wurde ja so erzogen, dass alles demokratisch ist und bla. Die 90er-Jahre waren eh völlig »Yeah« und »Es gibt keine Grenzen mehr«. Irgendwie wird einer dieser Traum von Demokratie verkauft, mir jedenfalls wurde er verkauft in der Schulzeit. Deswegen habe ich diese indischen Ungerechtigkeitsklassen nicht wirklich übertragen bekommen. Wann mir aber bewusst wurde, dass es Menschen gibt, die es besser haben als ich, war sehr früh. Meine Oma war in Böblingen die Hausmagd und Köchin von einer sehr reichen Familie. Sie hat dort geputzt, gekocht und in einem Gartenhaus nebenan gewohnt. Diese sehr reiche Familie hatte eine Villa und eine krasse Firma. Die sind wirklich Millionäre gewesen. Wenn die nicht da waren, diese Millionärsfamilie, dann durften wir kommen und haben in deren Pool abgehangen. Ich habe in diesem Pool schwimmen gelernt. Diese Villa war für mich wirklich so, ich darf nichts anfassen, ich darf mir die Sachen nur anschauen, ich darf ein bisschen beim Putzen helfen, wenn meine Oma dort staubsaugt. Für mich war es völlig absurd, dass da wirklich eine Familie drin wohnt, weil es eher etwas von einem Museum hatte, weil das Zuhause meiner Oma, das war dieses Gärtnerhaus. Da war mir schon klar, hier sind die richtig, richtig Reichen, und das ist völlig *out of my world*. Das ist ein anderer Planet quasi. Seit ich denken kann, war meine Oma dort dieses Hausmädchen. Das klingt blöd, weil sie war da ja schon Oma. Hausoma.

MALU

Meine ersten wirklichen Erinnerungen sind in den ersten Klassen des Gymnasiums. Ich bin ja heute Musiker:in. Da hatte ich zum Beispiel im Musikunterricht eine Kassette von zu Hause mit, von

James Last. Das war damals ein populärer Big-Band-Leader. Er hat Motive aus der klassischen Musik umarrangiert für eine Big Band, die auch im positiven Sinne massenkompatibel ist. Also eine Easy-Listening-Tanzmusik-Big-Band. Und da habe ich etwas mitgebracht. Ich war wahrscheinlich in der fünften Klasse. Ich hatte schon ein Gefühl von »Ich bringe jetzt was mit, um zu zeigen, dass ich nicht so dumm bin«. Ich hatte aber auch ein Gefühl dafür, dass das, was ich mitbringe, nicht total angesagt ist. Aber es wird ein klassisches Motiv verarbeitet! Dann habe ich armes Würstchen von dem Musiklehrer, mit dem ich in meiner Biografie noch stundenlang gestritten habe, das Feedback bekommen, es wäre nicht *so* toll, wenn man eine kleine Melodie aus einem großen Kunstwerk herausschneidet. Das wäre ja so, als würde man aus einem großen Michelangelo-Gemälde einen kleinen Engel rauspicken und ein Bild davon machen. Ein Bild, was jetzt in meiner Wohnung hängt. Was ich aber in der Situation am schlimmsten fand, war, dass eine Person aus meiner Klasse dem Lehrer noch zugestimmt hat. Das ist ein frühes deutliches Erlebnis von Klassismus.

VERENA

Ich glaube, Klassismus hat schon in der Grundschule bei mir eine Rolle gespielt, weil ich mich immer ungerecht behandelt gefühlt habe, und ich wusste nicht, warum. Ich dachte immer, das liegt daran, dass ich ein Mädchen bin und meine Lehrerin die Jungs bevorzugt, weil die laut sein durften und frech. Ich durfte das nicht. Mit dem Wissen, was ich jetzt habe, bin ich mir nicht mehr sicher, ob das wirklich daran lag. Das lag vielleicht eher an meinem Habitus, an meinem Verhalten. Das war vielleicht kein ordentliches, braves »Mädchenverhalten«. Das war ein Verhalten von einem Mädchen, was in der Autowerkstatt aufgewachsen ist und irgendwie wild war. Das habe ich so das erste Mal ausgesprochen, weil ich immer dachte, es hatte was mit meinem Geschlecht zu tun. Meine Schullaufbahn war dann ein einziges Auf und Ab. Ich habe eine Hauptschulempfehlung bekommen, aber zu der Zeit konnte man selbst entscheiden, ob man aufs Gymnasium geht, und das wollte ich unbedingt. Damals wusste ich nicht warum, es war einfach ein Gefühl und ein großer Wunsch. Das hat dann auch geklappt. Ich war aber leider sehr schlecht und habe von zu Hause nicht viel Hilfe bekommen können. Ich habe eine Klasse wiederholt und bin dann wieder zurück auf die Haupt- und Realschule. Dort haben die Schüler:innen mir gesagt: »Hey, du guckst so arrogant, du kommst vom Gymnasium.« Aber ich hatte trotzdem eine gute Zeit, weil ich da schon in einem Jugendtheater mitgespielt habe. Dann bin ich wieder auf ein Gymnasium gegangen. Das war ein Tanzgymnasium in NRW, und ich bin über eine Aufnahmeprüfung reingekommen. Da habe ich definitiv Klassismus erlebt. Eine Sekretärin meinte: »Ja, wir haben da eine von der Hauptschule aufgenommen. Mal gucken, wie lange DIE bei uns bleibt.« Das war in meiner ersten Woche, in einem schicken Viertel in Essen, direkt an der Ruhr, musisches Gymnasium. Es war wirklich, wirklich, wirklich eine ganz andere Welt, in die ich da reingekommen bin. Das mit der Sekretärin ist in der ersten Woche passiert, und ich war einfach fertig. Ich bin nach Hause gegangen, ich habe von da an alleine gewohnt. Ich bin zurück zu meiner Mutter und habe voll geweint und erzählt, die Sekretärin denkt, ich bleibe hier nicht lange. Meine Mutter war auch supertraurig und wusste nicht, was sie dazu sagen sollte, außer: »Ja, willst du wieder mit zurückkommen?« Aber das war natürlich keine Option für mich.

MAJA

Also Klassismus und Klasse sind zentrale Aspekte in meiner Biografie, sowohl retrospektiv als auch damals schon. Damals hatte ich natürlich nicht die Begriffe, die ich jetzt verwenden kann für alles, was ich erlebt habe. Ich würde sagen, dass Klasse und Klassismus jeden Bereich meiner Biografie beeinflusst haben, sowohl einen Wertekomplex, den ich mitbekommen habe, als auch meine Politisierungsprozesse, aber auch die Wahl meines Studiums, die Wahl der weiteren Schritte in meinem Leben. Man sagt auch, dass Klasse oder die Klassenerfahrungen sich im Körper manifestieren und die Art und Weise, wie du dich gibst, wie du bist, maßgeblich von deiner Klasse beeinflusst ist. Mit dieser Sensibilisierung im Hinterkopf beobachte ich das oft, wenn ich in Kreisen bin, die nicht die gleichen Klassenerfahrungen haben. Ich fühle mich anders, aber ich werde auch manchmal anders gemacht, weil ich die vorherrschende Art und Weise nicht draufhabe oder draufhaben möchte, weil ich auch große Kritik an der Performanz einer privilegierten

Klasse habe. Ich will mich diesen Normen eigentlich nicht unterwerfen. Es hat aber auch einen finanziellen Aspekt und viel mit sozialem oder kulturellem Kapital zu tun. Meine Eltern haben mir während der Schulzeit einen Job vermittelt als Reinigungskraft in einem Krankenhaus. Dieses »soziale Kapital«, also Netzwerke und Kontakte, waren auch hilfreich. Aber es waren keine Kontakte, die in dieser Gesellschaft als hilfreich anerkannt werden, weil sie keinen »sozialen Aufstieg« oder soziale Mobilität nach oben begünstigen. Auch waren die kulturellen Güter, die wir zu Hause hatten, keine, die gesamtgesellschaftlich als hoch oder wertvoll angesehen werden. Da geht sehr viel von der Gesellschaft aus. Ich möchte diese Sachen nicht auf uns projizieren oder auf meine Familie, weil ich das alles als sehr wertvoll beobachte und als sehr hilfreich. Ich habe viel Achtung vor allem. Aber wenn ich aus dieser klassistischen Perspektive, die unsere Gesellschaft ausmacht, schaue, würde das alles eher »niedrig« eingestuft werden, was ich problematisch finde. Das hat natürlich auch was mit klassistischen und rassistischen Normen zu tun. Was ist eine gute Kultur, und was ist keine gute Kultur? Ich bin auch zweisprachig aufgewachsen, aber es war keine Sprache, die eine westeuropäische Prestigesprache war, sondern eine, die mir in meiner Biografie nicht so viele Vorteile erbracht hat. Da geht es eher um die Sprachkenntnisse, die ich im Englischen habe oder im Französischen.

CEYDA

Na ja, wie soll ich sagen? Also gerade bin ich selbst auch in einer privilegierten Position. Ich habe einen festen Job, ich bin in bildungsbürgerlichen Kreisen unterwegs. Und klar gibt es Situationen, wo ich ein Unbehagen habe, wo ich ein unwohles Gefühl habe, wo ich denke, ach, ich, *ich* gehöre nicht dazu. Aber ich glaube, ich kann das sehr gut wegspielen. Ich performe auch auf der Arbeit. Aber ich bin voll stolz auf meinen Hintergrund und posaune das gerne überall raus und habe da nichts zu verheimlichen. Nur damals, als ich den Master in Marburg gemacht habe, da habe ich voll unter diesem Abnabelungsprozess von meiner Klasse oder von meiner Herkunft gelitten. Ich habe mich theoretisch mit den Erfahrungen auseinandergesetzt, die meine Großeltern und meine Eltern erlebt haben und konnte aber nicht eine Sprache finden, wie ich das denen vermittle.

SAMIRA

Ja, es ist wirklich schwierig. Vor kurzem habe ich gedacht, eigentlich müsste ich mich mit dieser Familie auseinandersetzen und diesen Bedingungen, unter denen sie auch gelitten haben in den 80er-, 90er-Jahren oder Anfang 2000. Einerseits finanziell und dann waren auch die Nazis krass in den Neunzigern und es herrschte echt Angst vor diesen Neonazis. Das war auch ein Grund, warum mein Vater angefangen hat, ein Haus zu kaufen in der Türkei, was er zwanzig Jahre lang abbezahlt hat. Eigentlich floss alles Geld in dieses Haus in der Türkei, was jetzt völliger Quatsch ist. Irgendwie dachte ich, eigentlich voll schade, dass ich diese ganzen Geschichten noch gar nicht richtig aufgearbeitet oder analysiert habe. Aber es ist schwierig, mit den Leuten zu kommunizieren. Ich will nicht mit meinem Vater reden. Ich will mich gar nicht mit denen auseinandersetzen. Das ist schon echt schwierig, die Kommunikation am Laufen zu halten. Es ist bei mir eher der Drang, sich völlig abzugrenzen, und war es auch die letzten zehn bis 15 Jahre. Also auch dieses alte Leben oder die Herkunft eher abzulegen, weil man es eigentlich relativ verabscheut, was da auch für Meinungen kursieren. Es sind ja leider nicht alle linke Arbeiter:innen.

AGNIESZKA

Man kann auch einfach nicht mehr dahin zurück. Ich hatte eine Situation, die mich echt geschmerzt hat. Ich war in Glasgow, und wir hatten Schimmel bei uns im Badezimmer. Es sollten Handwerker kommen, um die ganzen Wände neu zu verkleiden. Das war eine total billige Handwerksfirma, die der Vermieter da bestellt hat. Und die beiden Typen, die da waren, das waren Polen, die gerade erst nach Großbritannien emigriert sind, die kein Wort Englisch sprachen. Dann stand ich vor denen und habe versucht, mit denen zu reden. Mittlerweile spreche ich sogar besser Englisch als Polnisch, und es war echt ein krasses Gefühl, und es hat mir so wehgetan, dass ich das nicht überbrücken konnte, diese Kluft. Und dass ich aber eigentlich da herkomme.

KAROLINA

Und hast du denn auf Polnisch mit ihnen geredet?

AGNIESZKA

Ja, habe ich. Aber die haben mich total anders behandelt.

»Paradigmenwechsel« (1999/2024)

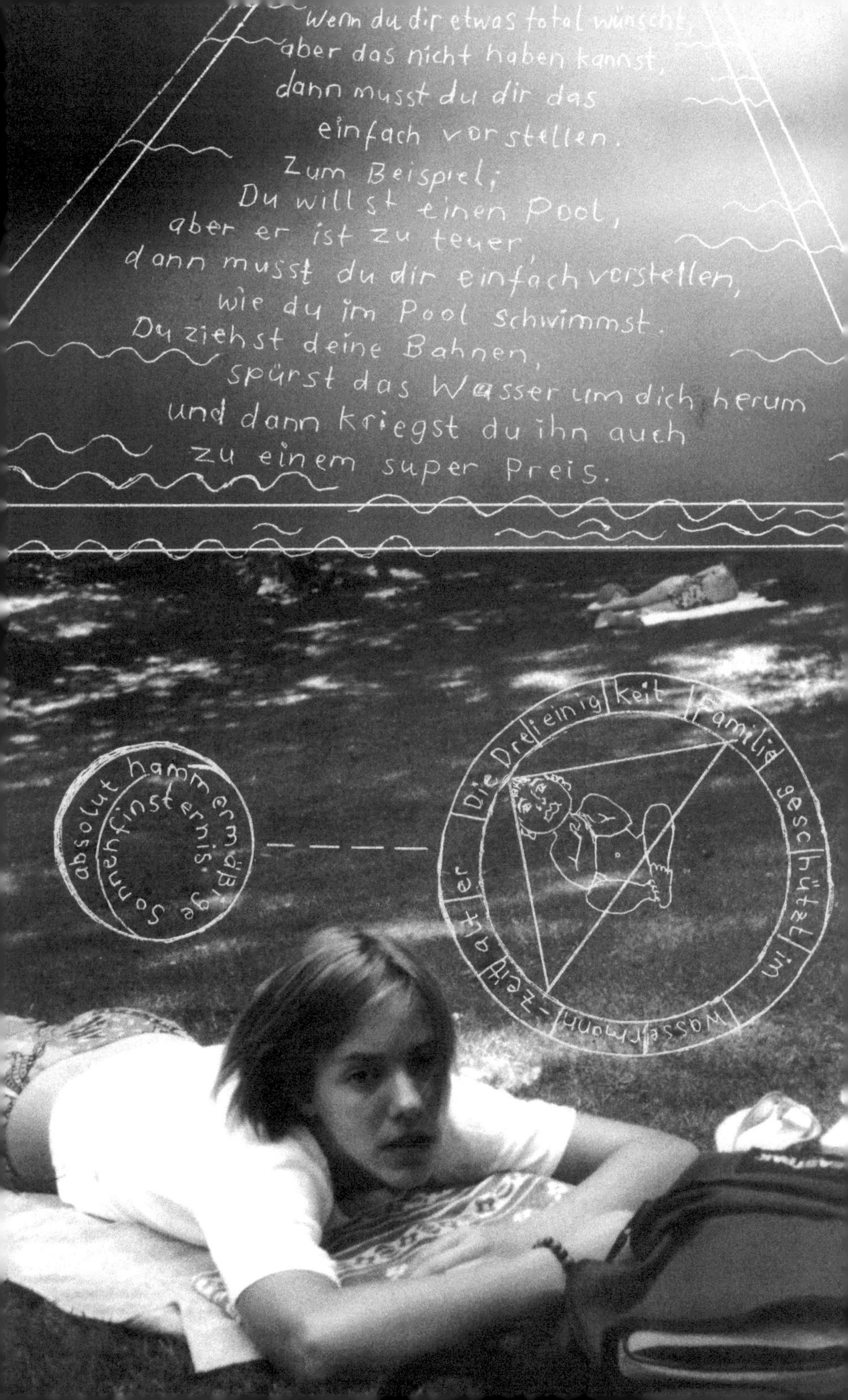
Wenn du dir etwas total wünscht,
aber das nicht haben kannst,
dann musst du dir das
einfach vorstellen.
Zum Beispiel;
Du willst einen Pool,
aber er ist zu teuer,
dann musst du dir einfach vorstellen,
wie du im Pool schwimmst.
Du ziehst deine Bahnen,
spürst das Wasser um dich herum
und dann kriegst du ihn auch
zu einem super Preis.
absolut hammermäßige Sonnenfinsternis.
Die Dreieinigkeit Familie geschützt im Wassermann-Zeitalter

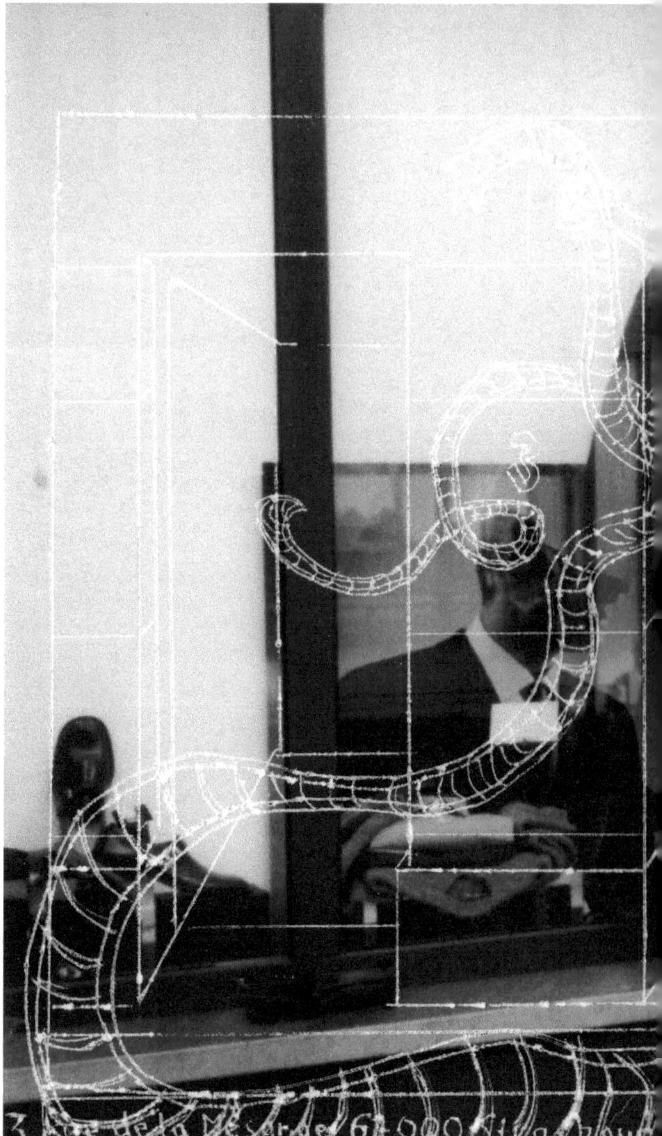

»Monster« (2001/2023)

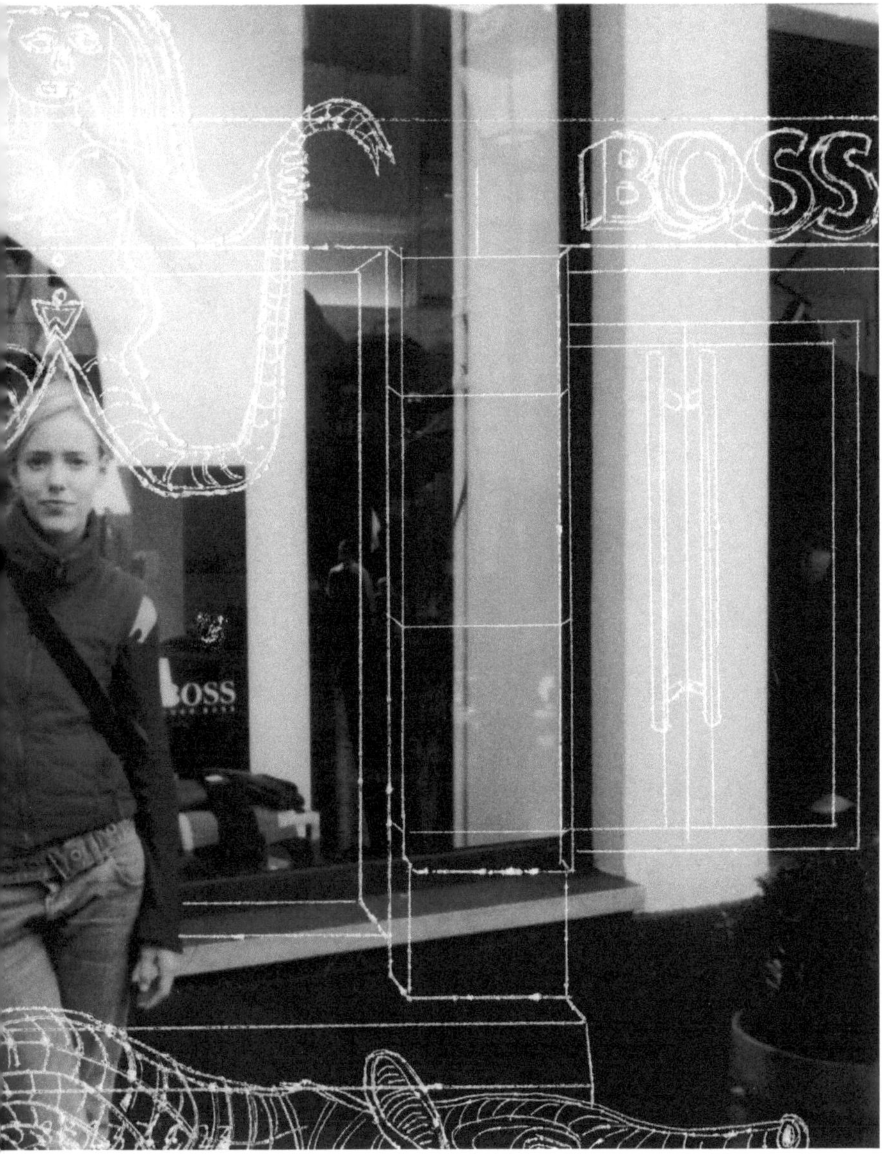
BOSS
BOSS

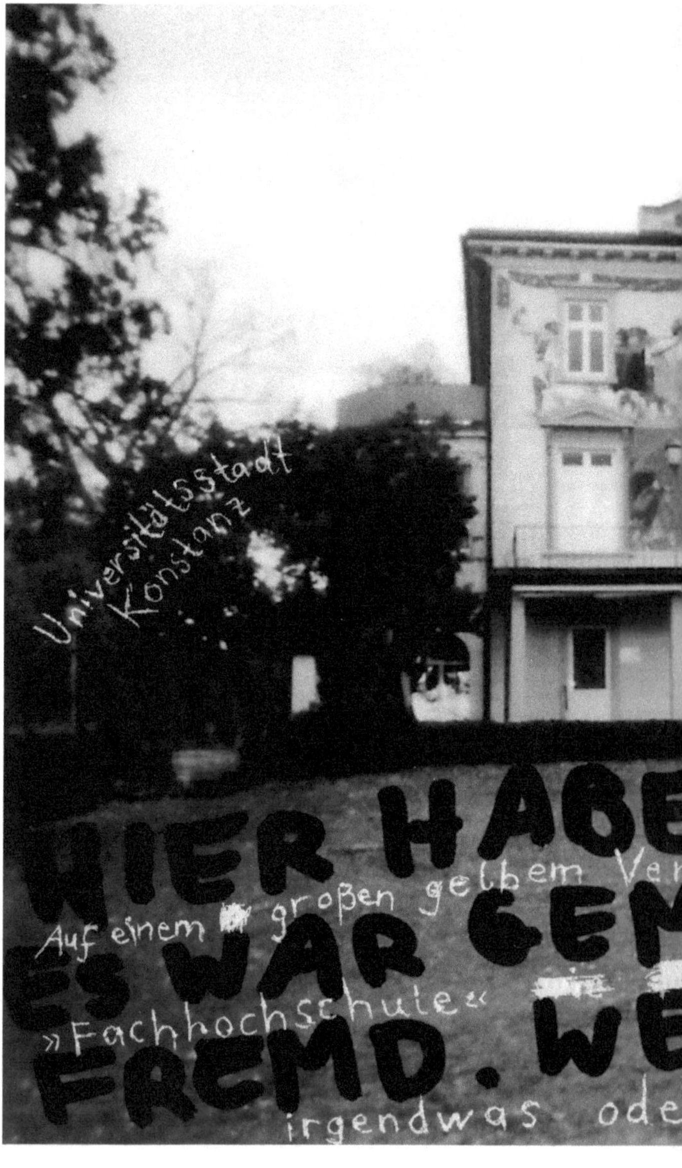

»Mit Aussicht auf Erfolg« (2011/2024)

H STUDIERT.
sschild in der Altstadt stand
TLICH UND
S NICHT WARUM

klasse_wechseln

CEYDA

Ich hätte nicht gedacht, dass immer, wenn ich ein Level weiterkomme, die Erfahrungen von Klassismus oder Rassismus immer krasser werden. Ich dachte: »Okay, jetzt bin ich an der Uni, und da sind ja alle super gebildet und da sind alle supernett und voll reflektiert.« Aber das stimmt überhaupt nicht. Das ist voll die Lüge. Und das war voll schlimm für mich. Ich hatte eine Referatsgruppe in Pädagogik, und das Thema war etwas mit Bildung oder verschiedenen Bildungsschichten. Da wurde ich von dieser Referatsgruppe richtig ausgequetscht über meine Herkunft. Wie ich lebe, wie meine Eltern ticken und warum ich kein Kopftuch trage. Ob ich mich denn überhaupt um diese Uhrzeit treffen darf, denn es war schon spät. Und ob nicht mein Vater was dagegen hätte. Ich wurde überrumpelt von verschiedenen Fragen, und es gab keine in der Referatsgruppe, die »Stopp« gesagt hat. Ich war total eingeschüchtert. Ich bin aus dieser Referatsgruppe raus und habe über drei Jahre lang kein Wort mehr mit denen ausgetauscht und die Beleidigte gespielt. Es war aber voll gut, die von mir fernzuhalten. Es war wirklich schwierig, in der Uni Verbündete zu finden. Die kamen dann allmählich, und die kamen wirklich aus der Theater-Performance-Ecke. Hier habe ich wieder Verbündete gefunden. Da hatte ich Freunde und Freundinnen, die auch einen Arbeiterklasse-Hintergrund hatten. Wir haben uns gegenseitig gestärkt oder versucht das zu wuppen, die Uni.

VERENA

Ich habe das Gefühl, ich weiß nicht, wie das bei euch war, dass es oft jemanden von außen braucht, der sieht, was dein Potenzial ist oder was deine Stärken sind, und dir sagt: »Hey, guck mal, du hast da ein Talent. Wie wäre es da mal hinzugucken, da reinzuinvestieren?« So eine Familie oder Person gab es bei mir mehrmals in meinem Leben. Personen, die meiner Mutter gesagt haben: »Hey, guck mal, die hat da ein Talent.« Die haben mich später sogar zur Aufnahmeprüfung nach Essen gefahren oder mich zum ersten Mal zu Pina Bausch ins Theater mitgenommen. Diese Familie hatte die Ressourcen und das Wissen und diese Interessen, sonst wäre ich da nicht hingekommen oder hätte das nicht erfahren. Ich weiß nicht, wie es anderen geht oder ob das eine allgemeine Erfahrung ist, dass es doch Hilfe oder Input von außen braucht. Ich habe das in dem Moment nie als Klassenunterschied erfahren. Wie habe ich das wahrgenommen? Einfach als Unterstützung, als wohlwollende Unterstützung. Schlimmer war es für meine Mutter, die mir das nicht geben konnte. Das hat bei meiner Mutter, glaube ich, ein defizitäres Gefühl ausgelöst. Das ist interessant in Bezug auf Privilegien. Wie geht man mit Privilegien um, und wie kann man da Ressourcen verteilen? Und wie geht die andere Person dann damit um? Ich kann sagen, ohne diese Familie wäre ich nicht Tänzerin geworden.

JULIA

Ich glaube bei mir hat mit 15, 16 Jahren eine Mutter von einer Freundin, die selber Kunstlehrerin war, eine große Rolle gespielt. Die hat uns ins Museum mitgenommen und hat immer genau gefragt, wie ich etwas finde. Mit 16 Jahren hab ich angefangen, Fotos zu machen, und irgendwie fand sie meine Fotos gut und hat die krass abgefeiert. Da habe ich mich sehr geschmeichelt gefühlt, was jetzt Charlottes Mutter denkt. Sie hat sich die auch aufgehangen in ihrem Wohnzimmer. Sie meinte, ich hätte ein gutes Gefühl für Farben. Es war mir peinlich auf eine Art, aber innerlich fand ich es richtig toll. Mit 16, einen Tag nach meinem Geburtstag, da durfte man ja arbeiten, da bin ich zum Kunstmuseum gelaufen und habe gefragt, ob ich als Aushilfe arbeiten kann. Das hatte auch Charlottes Mutter gesagt. Auf jeden Fall wurde ich total ermutigt, mich im Kunstmuseum zu melden, ob ich da nicht arbeiten kann. Ich habe, seit ich 16 bin, in diesem Museum als Aufsicht gearbeitet. Und das war total toll.

VERENA

Gleichzeitig hat mich das auch von meiner Familie und meiner eigenen Herkunft entfernt. Da ist etwas Wehmütiges und Schmerzhaftes. Oder, genau, diesen *struggle* hätte ich dann anders. Es gibt ein Gefühl von »Ich habe es nicht alleine geschafft« oder »Ich hätte das ja nicht alleine geschafft«. Also, das macht auch etwas mit mir. Ich glaube, es ist wichtig, da nicht zu sehr reinzugehen. Oder, »nicht reingehen« ist auch bescheuert. Aber es ist wichtig, dass ich mich dafür nicht selbst bestrafe, dass ich dieses *Glück* einfach annehme. Wenn man es als Glück bezeichnen kann. Klingt jetzt vielleicht alles sehr kompliziert, aber das ist es auch.

AGNIESZKA

Ich kann das alles gut verstehen. Ich würde gerne versuchen, meine Mutter mehr in meine Lebenswelt einzubinden, aber es ist so schwer. Es ist unmöglich. Auch, weil wir nicht dieselbe Sprache sprechen. Sie kann vieles einfach nicht verstehen. Und ich kann, selbst wenn ich bei ihr bin, nicht mit ihr darüber reden. Keine Ahnung, Weihnachten beispielsweise, mein Bruder hat ein Kind bekommen, das heißt, er hat seine eigene Familie. Dann gibt es noch meinen Stiefvater. Meine Eltern sind getrennt, und es wird jedes Jahr geguckt, wo man Heiligabend verbringt. Ich habe keinen Kontakt mehr zu meinem Stiefvater, also verbringe ich Heiligabend mit meiner Mutter. Wir sitzen dann oft schweigend da. Ich bin immer hin- und hergerissen, ob ich das traurig finde oder nicht. Irgendwo finde ich es traurig, weil sie wirklich nicht an meiner Welt teilhaben kann. Das hat auf jeden Fall was mit Klasse zu tun. Damit, dass sie nie wirklich Bildung erfahren hat, aber auch, weil wir tatsächlich zwei verschiedene Sprachen sprechen. Ich spreche mittlerweile Deutsch viel besser als Polnisch, sie aber Polnisch viel besser als Deutsch. Das heißt, es gibt so viele Sachen, die uns voneinander entfernen. Andererseits denke ich aber, dass ich trotzdem total glücklich bin, dass ich immer noch mit ihr sein kann. Ich bin ihr einfach so dankbar dafür, dass sie trotz all der krassesten Schwierigkeiten nie aufgehört hat zu kämpfen. Sie hat sich durch die ganzen Behörden durchgekämpft. Wenn man sich das vorstellt, kein Deutsch sprechend und dann hier zu sein. Angefangen mit der Sache, dass mein Name eingedeutscht wurde und sie das damals gar nicht gecheckt hat, dass sie da eine Entscheidungsmöglichkeit hätte haben können. Also, wenn ich mir das vorstelle, meine Mutter ist eigentlich eine total ängstliche Person …

ANNA S.

Für mich ist Klasse auch stark mit Sprache verbunden. Ich merke das in meiner eigenen Sprache und auch bei meiner Arbeit. Ich war an der Universität und habe versucht zu promovieren. Das mit dieser Promotion war aus vielerlei Gründen schwierig. Als ich dann abgebrochen habe, habe ich wirklich ein oder zwei Jahre gebraucht, um meine Sprache wiederzufinden. Ich musste mir eine andere Sprache antrainieren, um in dieser *academia* mitzumachen. Jetzt, wo ich als Kommunikationstrainerin und politische Bildnerin arbeite, spielt Sprache eine wichtige Rolle für die Frage, mit wem ich arbeite. Diese akademische Sprache, die da natürlich auch in mir drin ist, die ist krass ausschließend. Seit ein paar Jahren versuche ich, meinen Eltern mehr zu zeigen, was ich mache oder wenn ich einen Text schreibe. Von denen kommt aber immer zurück: »Ja, scheiße, Anna, wir verstehen das nicht.« Ich habe auch schon probiert, es ihnen aufzusprechen und ihnen Audios zu geben, weil es vielleicht mit dem Lesen doof ist. Dann ziehen sie sich das tausendmal rein, aber sie verstehen es einfach nicht. Es macht mich total fertig. Letztens habe ich auf einer Veranstaltung zu Feminismus in Leipzig gesprochen, im Rahmen von der Buchmesse, und da war meine Mutti auch da. Dann hat sie danach zu mir gesagt, jetzt hätte sie mich das erste Mal voll gut verstanden. Da habe ich mich super doll gefreut. Das nehme ich mir auch mit. Meine Alltagssprache, die ich mir so abtrainiert habe, eigentlich möchte ich die wieder mehr zurückgewinnen.

MALU

Ich finde es mit der Sprache deswegen spannend, weil da auch Klasse und Gender Thema sind. Meine Stimme wird ja eher männlich gelesen, obwohl ich eine non-binary Verortung habe. In queeren Kontexten ist es oft eher angesagt, vorsichtig zu sprechen, leiser zu sprechen, eine höhere Stimmlage zu haben. Alles, was das nicht hat, wird in eine Richtung von »laut und dominant« oder vielleicht auch »männlich dominant« gelesen. Lange Zeit wurde in den Kontexten, in denen ich unterwegs war, die Begriffe *Macker* und *Proll* als Synonyme verwendet. Dabei heißt *Macker*, es ist ein Mann, der sexistisch ist, und ein *Proll* ist ein Mann, der von Klassismus betroffen ist. Also der eine ist jemand, der diskriminiert, und der andere ist jemand, der erst mal auch diskriminiert wird. Dass diese beiden Begriffe als Synonyme verwendet wurden und zum Teil noch werden, zeigt leider auch einen blinden Fleck im feministischen Diskurs, oder im queer-feministischen Diskurs. Die wirklich mächtigen Männer, die *prollen* auch nicht rum, die haben subtilere Methoden, ihre männliche Dominanz auszuleben. Das ist auf alle Fälle für mich ein sehr spannendes Thema, weil ich mit einigen propagierten Kommunikationsmodellen, die mir sehr bürgerlich erscheinen, einfach schlechte Erfahrung gemacht habe. Es sind quasi versteckte Machtmethoden durch sprachliche Fähigkeiten und eine Abwertung von einer Nichtbeherrschtheit in der Sprache. Also man muss ja nicht tagtäglich rumschreien und sich ständig lautstark streiten, aber nur weil man gesittet spricht, heißt das nicht, dass man nicht diskriminiert oder viel Macht ausübt. Zum Teil eben noch viel mehr.

JULIA

Aber dieses Kapitel, was häusliche Gewalt angeht und all sowas, das gibt es in meiner Geschichte auch. Es gibt Gründe, warum ich mit meinem leiblichen Vater nicht mehr in Kontakt bin. Ich bin da auch in diesem Zwiespalt, keine Klischees zu bestätigen. Andererseits ist es aber auch gewaltvoll, das zu verschweigen, wenn es einfach *nicht* so ist. Oder auch ich, die am Anfang des Interviews sagt: »Ja, vor ein paar Tagen habe ich mich selber gefeiert, weil ich *aufgestiegen* bin.« Es war aber sehr wichtig, weil ich das Gefühl hatte, ich bin auch dem Patriarchat entkommen. Ich bin jetzt nicht die nächste Tochter, die ein Kind zur Welt bringt. Was auch mega gewaltvoll ist, dass ich denke, ich kann kein Kind haben, weil ich sonst in diese Spirale reinkomme. Das macht mich sehr traurig, dass ich als queere Frau in dieser Gesellschaft so benachteiligt bin, dass ich mir in meiner sehr prekären Arbeitswelt nicht vorstellen kann, wie das weitergehen soll, wenn ich noch ein Kind hätte. Oft frage ich mich auch, habe ich mir das schöngeredet, dass ich wirklich kein Kind möchte? Oder ist es einfach mein Wille, nicht immer nur scheiße prekär zu leben? Das sind diese beiden Komponenten, und das finde ich nicht unerheblich. Gleichzeitig, glaube ich, ist es tatsächlich nicht so meins, Muttersein. Ich liebe es, dass andere Freund:innen von mir Kinder haben und ich die ganzen Kids in meiner Umgebung miterziehen kann und beeinflussen kann mit meiner Coolness. Da denke ich, das ist doch schon super. Gleichzeitig frage ich mich auch, was für ein Bild das ist, was ich da so von mir erzeuge.

AGNIESZKA

Mir fällt noch etwas zu der Geschichte von der Buchmesse ein. Da ging es für mich auch um Anerkennung und Verbindungen. Ein total krasses Erlebnis war für mich, als meine Mutter mich in Schottland besucht hat und wir zu meiner Arbeit gefahren sind. Von Briony, meiner Chefin, ist die Mutter gestorben, und irgendwie haben die unbedingt gewollt, dass ich da vorbeikomme mit meiner Mutter. Das war denen ein Anliegen. Sie haben auch eine Sensibilität dafür gehabt und haben es verstanden, dass meine Mutter überhaupt nicht verstanden hat, was ich da mache. Dann haben wir uns da hingesetzt in dieses Büro, meine Mutter war super steif. Ich habe die ganze Zeit übersetzt und Briony hat erzählt, was wir machen. Meine Mutter war danach so aufgelöst vor Freude und meinte: »Jetzt verstehe ich endlich, was du machst.« Und dass das ja so toll ist. Die hat sich so anerkannt gefühlt, dass die sich die Zeit genommen haben, ihr das zu erklären. Normalerweise ist es eher das Ding mit meiner Mutter, »pssssst«, also dass sie bloß nichts sagt. Ganz am Anfang in Deutschland vor allem deshalb, weil man den polnischen Akzent gehört hätte. Da weiß ich noch, da war die Stimmung in Deutschland total krass gegenüber Ost-Migrant:innen generell. Das Wort *Polacke* habe ich an jeder Straßenecke gehört. Ich habe immer Angst gehabt, dass meine Mutter etwas sagt und wir enttarnt werden. Und dann später auch in Bezug auf die Klasse und auf ihren Bildungshintergrund. Deshalb war dieses Erlebnis ganz, ganz, ganz toll. Witzigerweise hat meine Mutter alles davon vergessen. Sie kann sich nicht mal mehr an den Namen dieser Organisation erinnern.

JULIA

Ich hab auch noch eine Geschichte, die da passt und die mich sehr berührt hat. Ich habe letztes Jahr ein Kinder- und Jugendbuch herausgebracht, und da war Wolfgang, mein Stiefvater, absolut stolz. Es war endlich etwas Handfestes. Wir haben auch darüber geredet, und er hat ehrlicherweise gesagt, dass er sich freut, dass viele

Zeichnungen drin sind, weil er liest ja nicht. Er meinte: »Ich habe einfach Angst, dass ich es nicht verstehe.« Das ist einfach nicht sein Zugang, weil es da eine riesige Schwelle gibt. Das würde ich bei meiner Mutter auch so sehen. Im Lockdown habe ich einen Text über meine Familie geschrieben und auch über unsere Herkunft. Der Text wurde in einer Zeitschrift veröffentlicht, und das habe ich ihnen geschickt. Ich glaube, da haben sie noch mal mehr verstanden, womit ich mich beschäftige. Sie waren auch einfach total gerührt. Meine Mutter konnte es gar nicht fassen, dass ich denke, es sei wertvoll über sie als Personen und uns als Familie öffentlich nachzudenken.

»Tiefkühltruhen« (2007/2024)

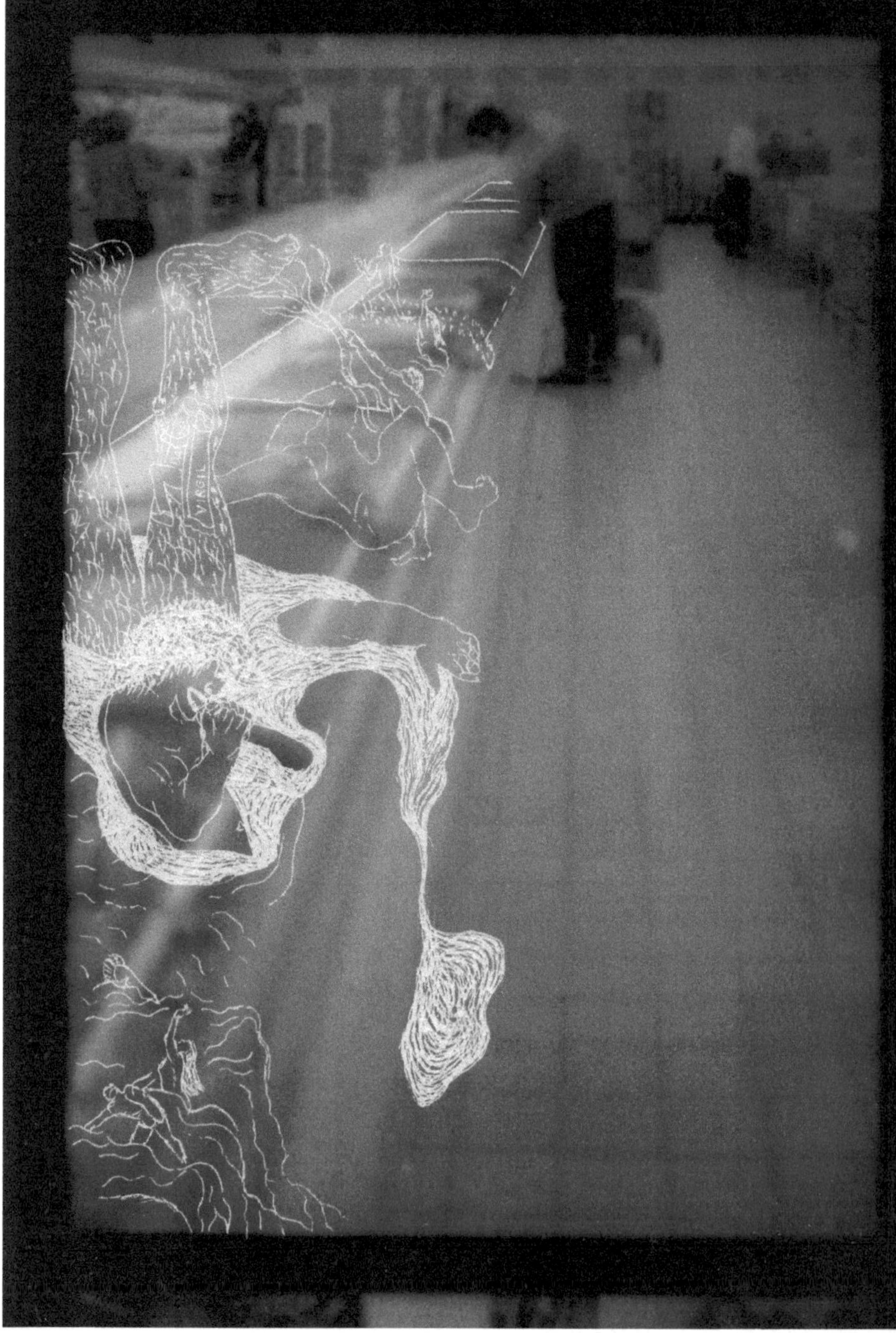

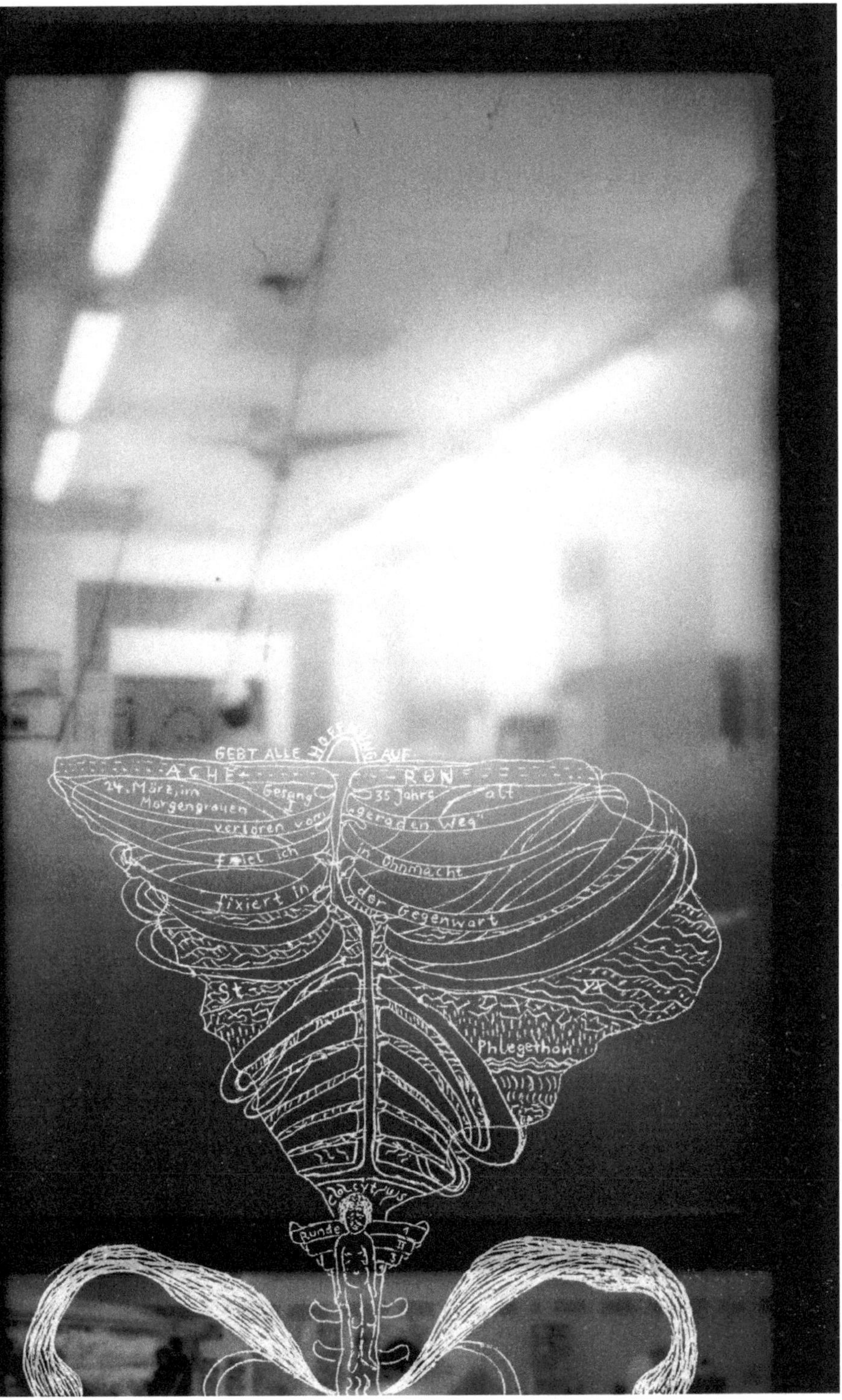

GEBT ALLE AUF
ACHE
RON
24. März, im Morgengrauen
Gesang I
35 Jahre alt
verloren vom „geraden Weg"
in Ohnmacht
fixiert in der Gegenwart
St
Phlegethon
Runde

uni_kunst_kultur

EWE

Ich kann mich an super viele Situationen erinnern, aber es gibt eine, die ich *nie* vergessen werde. Die Uni hat angefangen, erstes Semester, und es ging darum, in Bibliotheken zu gehen. In der Schule hat man ja die Materialien von den Lehrer:innen gekriegt. Ich weiß noch, wie es im Studium darum ging, dass man sich das Material, was man lesen sollte, selber aus der Bibliothek kopieren oder zum Semesterapparat gehen musste. Ich weiß noch, wie ich in die Bibliothek gegangen bin, und ich glaube, ich hatte eine Panikattacke. Ich hatte eine Art Mini-Panikattacke, weil ich mich total geschämt habe, dort reinzugehen mit der Angst, da nichts zu finden. Das wurde dann so groß, dass ich tatsächlich bei dem Versuch, dieses *Scheißregal*, wo diese *Scheißsemesterapparate* standen, nicht gefunden habe. Ich bin dann rausgelaufen und habe das erste Semester mit meinen Kommiliton:innen gefeiert und getrunken und nicht so viel studiert und saß immer unvorbereitet in diesen Seminaren. Ich habe mich dann noch schlechter und noch deplatzierter gefühlt. Ich war in einer Situation, in der viele von meinen Freund:innen waren, die eher aus sogenannten bildungsfernen Häusern kamen. Wir haben uns dann »eingenischt« und andere Dinge gemacht. Wir saßen nur wie so Körper in den Seminaren oder dachten, das hat nichts mit *uns* zu tun. Ich weiß, wie dieser Weg, sich das anzueignen und die Angst davor zu verlieren, mega krass war. Das Krasse ist, ich bin jetzt Autorin und Literaturwissenschaftlerin, habe das an der Uni gelehrt, aber ich habe immer noch Angst, ein Buch aufzuschlagen und es zu lesen. Es war wirklich Training. Eigentlich würde ich voll gerne jemandem dieses Training geben. Ich würde gerne Leute darin trainieren. Für viele Leute scheint diese Angst total absurd, die sagen dann: »Hey, in diesen Büchern stehen deine Erfahrungen und diese Theorien stützen dich auch noch. Und sogar diese Bücher kannst du nicht aufschlagen?« Das ist voll der krasse und schmerzvolle und schlimme Prozess. An diese Büchergeschichten kann ich mich erinnern, wie das so eine krasse Aneignung war, sich Lesen anzueignen. Ich habe immer noch Angst, ein Buch aufzuschlagen. Wenn ich es dann tue und lese, denke ich: »Alter, ich bin tausendmal klug genug, das zu lesen!« Aber lange dachte ich das nicht. Ich komme aus einem Haushalt, wo nie gelesen wurde, und es gibt auch keine Bücher bei uns. Ich weiß noch, wenn ich deutsche Kids, deren Eltern Lehrer:innen waren, besucht habe. Meine ersten Bilder als Kind zu Besuch beim Spielen waren Bücherregale. Es war total strange für mich, und ich habe es lange nicht verstanden. Ich dachte, es sieht gut aus. Ich finde auch immer noch, dass es gut aussieht, aber damals habe ich es nicht verstanden. Es war etwas, das mir super fern war. Diese Panikattacke in der Bibliothek werde ich nie vergessen. Ich weiß rückblickend, dass es eine krasse Überforderung war und dass ich in dem Moment dachte: »Fuck, das hat überhaupt nichts mit mir zu tun. Wie soll jemand wie *ich* damit klarkommen?« Es gab aber auch dieses Gefühl, dass man das nicht hätte ansprechen dürfen, wenn man eine Panikattacke in der Bibliothek kriegt. Es gibt ja keine Bibliothekarin, die darin geschult ist, Arbeiterkinder zu chillen und zu sagen: »Hab keine Angst vor diesen Büchern, wir gehen da zusammen durch.« Es ging um diese Scham, ausgestellt zu sein. Dass man nicht findet, was man da suchen soll. Und dass es einer so peinlich ist, darüber zu reden oder jemanden zu fragen, dass man eher rausrennt und ein halbes Jahr nicht in die Bibliothek geht.

CEYDA

Wo ich es als Problem oder etwas Störendes empfunden habe, meine Klassenzugehörigkeit, war tatsächlich an der Uni. Ich wusste ganz lange nicht, dass es vielen auch so geht. Das war echt ein Aha-Erlebnis, die Austauschmomente mit Freunden und Freundinnen, denen es ähnlich geht, die auch Schwierigkeiten hatten mit der akademischen Sprache. Ich habe bei meinem ersten wissenschaftlichen Text, es war Judith Butler, irgendwas mit Performativität, ich habe geheult. Ich habe kein Wort verstanden. Ich war in meinem Zimmer und habe geheult. Meine Mutter kam rein und meinte: »Was ist denn los?« »Ich verstehe diesen Text nicht.« Sie: »Ja, da kannst du doch deine Lehrerin fragen.« Den Begriff *Dozentin* kannte sie nicht. Oder mein erstes Essay war so katastrophal. Ich wusste nicht, dass ich da eine Fragestellung haben muss. Ich dachte, ich muss einfach den Text zusammenfassen. Was ich auch immer wieder vermittelt bekommen habe, war, dass ich mich doppelt anstrengen muss. Meine Eltern waren viel in migrantischen Freundeskreisen unterwegs, also aus der türkisch-kurdischen Community. Sie kannten sehr viele Lehrer und Lehrerinnen. Und von dieser einen Lehrerin, mit der meine Eltern befreundet waren, habe ich immer zu hören gekriegt: »Also, Ceyda, wenn du gut sein willst in der Schule, dann musst du, wenn Hans zwei Stunden lernt, vier Stunden lernen.« Ich habe immer vermittelt gekriegt, dass ich mich mehr anstrengen muss. Und das war wirklich so, ich musste mich immer doppelt so viel anstrengen wie die anderen. Das habe ich total verinnerlicht. Auch heute in der Arbeit flutscht das nicht einfach so, wenn ich einen Vortrag vorbereiten muss. Ich erlebe mich oft so, dass ich mich doppelt anstrengen muss. Vielleicht brauche ich das gar nicht mehr, aber, wenn Hans zwei Stunden arbeitet, muss ich vier Stunden arbeiten. Ich weiß nicht, warum sie immer *Hans* verwendet hat. Ich kannte keinen Hans, aber ich wusste, wer gemeint war.

JULIA

Es gibt eine Baustelle in meinem Leben, und ich glaube, es ist nicht untypisch für Arbeiter:innenkids. Dass ich meinen Abschluss nicht hinbekomme. Seit zehn, nein, acht Jahren sitze ich an meinem Masterabschluss, der eigentlich für zwei Jahre vorgesehen ist. Es gab schon viele Momente, wo ich dachte, ach, ist ja egal, ich habe ja schon Projekte und es läuft. Meinen Bachelor habe ich an einer Fachhochschule in Sozialer Arbeit gemacht, und das war auch alles vorbildlich. Ich glaube, ich habe dann verstanden, dass man sich an der Universität nicht an Deadlines halten muss. Es hat mir erst mal Stress rausgenommen. Eine Fachhochschule ist klein und irgendwie haftet ihr an, dass sie nicht so richtig wie Uni ist. Zumindest hat sich das bei mir so angefühlt, wie Menschen über Fachhochschulen und Uni reden. Dann habe ich mich an der Uni beworben und wurde genommen und war immer die Sozialarbeiterin. Ich war später auch studentische Hilfskraft von meinem Professor. Es gab dann so kleine Witze darüber, dass eine Pädagogin, eine Sozialarbeiterin, jetzt Kunst macht. In der Kunst finden das alle immer total unsexy, wenn etwas pädagogisch wertvoll ist oder didaktisch oder was auch immer. Dann hatten alle Angst, dass das bei mir vielleicht auch so ist. Zumindest haben sie immer Witze darüber gemacht. Ich glaube, all diese Sachen haben irgendwann dazu geführt, dass ich mich zurückgezogen habe und dachte: »Okay, dann gehe ich.« Ich habe das nicht aktiv entschieden, aber irgendwann bin ich nicht mehr zur Uni gegangen. Ich habe einfach Projekte gemacht und hatte Glück, dass ich bei manchen Festivals eingeladen war. Auf jeden Fall habe ich einfach keinen Abschluss gemacht. Ich habe es jahrelang ziehen lassen. Im Nachhinein und auch im Gespräch mit Freund:innen habe ich gemerkt, es gibt extrem viele Codes oder einen Habitus, also eine Haltung, wie man im Seminar sitzt und wer dort wie über was spricht. Irgendwann hat mich das alles überrannt, und ich brauchte eine Pause. Ich habe in der Zwischenzeit eine Therapie gemacht, und da war es auch ein großes Thema. Danach bin ich noch mal für ein paar Seminare an die Uni gegangen, und dann war es auch richtig toll. Ich hatte noch ein richtig schönes Semester, wo ich es auch geschafft habe, mich zu melden, und aktiv dabei war. Das war auch sehr wichtig für mich, dass ich mich an der Ruhr-Universität als aktive, schlaue Studentin erlebe. Mit diesem großen Thema Uni denke ich sehr viel über Klasse nach. Oder auch wenn ich neuen Menschen begegne. Ich bin 33 und treffe Menschen, die sind so alt wie ich und haben einfach einen Doktortitel. Auf eine Art bin ich neidisch, weil ich denke, ihr habt zehn Jahre Vorsprung. Ich musste jetzt acht Jahre lang weiß ich nicht was aufarbeiten, dass ich wieder Theoriebücher lesen kann und dabei Spaß habe. Andererseits denke ich, ja, *let it go*! Das ist halt so. Ich bin einfach froh, dass ich das verstanden habe und einordnen konnte. Das ist total hilfreich. Deswegen bin ich auch so glücklich, dass Klasse jetzt immer mehr im Diskurs ist.

MALU

Also, ich hatte, trotz der vielen Streitereien mit meinem Musiklehrer, Musik studiert. Da gibt es auch noch ganz viele Geschichten, die ich erzählen könnte. Heute bin ich Musiker:in und als queere Person oft genervt von den verschiedensten heterodominanten Musiksparten, auch in subkulturellen Kontexten. Aber ich spüre in dem Musikbereich auch sehr viel das Klassenthema, egal ob subkulturelle Bands oder experimentelle Musik. Die interessiert mich eigentlich vom Sound her, aber von dem sozialen Setting finde ich die meistens relativ anstrengend. Es ist dieser bürgerliche Habitus, auch in subkulturell angehauchten Kontexten. Ich bin selber auch politisch links orientiert und bin in queeren, kulturellen, subkulturellen Kontexten unterwegs. In den politischen Kontexten kann ich das mittlerweile mit den Worten Klasse und Klassismus besser benennen, weil ich da schon lange das Gefühl habe, irgendwie passe ich nicht richtig rein. Oder ich denke, was ist denn da los, die Inhalte sind doch spannend und dem würde ich doch zustimmen? Aber letztendlich herrscht dort auch ein bürgerlicher Habitus. Ich würde mich aber auch nicht trauen, da ein bisschen mehr rumzuprollen.

VERENA

Ich glaube, gerade im Kulturbetrieb gibt es eine starke Unsichtbarkeit von Klasse und Klassenherkunft. Weil wir sind ja alle so cool. Und wir sind alle prekär lebend, und wir sind alle ... weiß nicht was. Es gibt so ein starkes »Wirgefühl«. Ich weiß nicht, ob das nur mir so geht, aber so ein »Wir als Kulturschaffende versuchen, die Politik oder andere davon zu überzeugen, wie wichtig Kultur ist«. Und das ist ein Kampf, den ich mitführe und wo ich mich verbunden fühle. Dabei wird nicht näher reingeguckt, wie unterschiedlich tief wir eigentlich fallen, wenn die Förderung nicht kommt. Wir sprechen nicht darüber, was ich zwischen den Projekten mache oder machen muss, ob ich Hartz IV beantragt habe oder ob ich von Erspartem leben konnte, meine Familie mich unterstützt hat oder ob ich im Café gearbeitet habe. Das ist nicht unbedingt Thema, wenn ich mir im Theater abends etwas angucke. Wenn ich ein neues Projekt anfange, dann spreche ich mittlerweile eher darüber oder würde das jetzt auch immer tun. Ich hatte ein interessantes Gespräch mit meiner Dramaturgin, die auch Produktionen macht und Verträge schreibt. Sie möchte jetzt ändern, dass im Vertrag steht, dass man anteilig schon in der ersten Woche, in der dritten Woche oder in der letzten Woche das Geld bekommt. Damit nicht davon ausgegangen wird, dass du auf Vorkasse arbeiten kannst. Das fand ich schon mal einen sehr praktischen Effekt. Es gibt ein höheres Bewusstsein darüber, was ich jetzt praktisch machen kann, in meinem Arbeitsumfeld, in meiner Arbeit, um da gewisse Ungleichheiten ein bisschen abzufedern. Und was ich ganz wichtig finde, dass diese Person nicht nachfragen muss. Dass das selbstverständlich ist. Auch weitergedacht in Bezug auf Klassismus im Kulturbetrieb, was man da ganz praktisch ändern könnte, ist, dass es keinen Nachweis mehr braucht, wenn ich ein ermäßigtes Ticket haben möchte. Dass ich mich da nicht outen muss, sondern einfach sagen kann: »Ich möchte das günstigere Ticket.« Da gibt es ja auch schon Orte, die das auf Vertrauensbasis machen und wo das gut funktioniert.

JULIA

Die Ungleichheit im Bezug auf eine prekäre Lebensweise beobachte ich im Kulturbetrieb auch. Es gab Phasen in meinem Studium, wo ich wirklich zur Tafel gegangen bin, weil es doch sehr knapp war oder ich keinen Anschlussjob gefunden habe. Aber das ist auch nicht schlimm. Ich bin total froh um diese Erfahrung tatsächlich. Ich hatte immer das Wissen, irgendwie über die Runden zu kommen, und habe da einen anderen Erfahrungsschatz. Vor allem im Kunstbereich, das ist mein Punkt, wo ich drauf hinauswill, wird manchmal abgefeiert, dass man prekär lebt und nicht viel hat. Das ist jetzt ein bisschen pauschal. Aber dass man denkt, man braucht nicht viel Geld und es ist auch eine politische Entscheidung. Das ist es auch alles. Aber es macht einen Unterschied, ob das ein Philipp ist, dessen Eltern Siemens gehört, weil der nicht in Altersarmut landen wird, oder ob ich das bin, die sich später, oder jetzt schon, Gedanken um Altersarmut macht. Meine Eltern haben keine Firma, die sie mir vererben können.

DÉSIRÉE

Ich war früher auch hauptberuflich im Kulturbetrieb. Viele Kolleg:innen wissen auch, dass ich vorher etwas anderes gemacht habe. Sie verstehen es wie eine Art »Downgrade« in meinem Lebenslauf. »Wieso wird man Busfahrer? Sie kommt aus der Schweiz und fährt dann in Berlin Bus?« Das trifft auf sehr großes Unverständnis bei Kollegen. Aber ich kann ihnen auch nicht erklären, ich mache hier soziologische Stadtforschung mit dem Job. Es ist manchmal schwierig, darüber zu kommunizieren, mit was für einer Motivation tue ich das. Für viele Menschen ist das einfach ein Leben und eine Realität. Wenn man dann sagt, ich mache das zum Spaß oder um Recherchen zu machen, wie sich ein Zusammenleben in der Großstadt anfühlt, muss man aufpassen, dass man die anderen nicht wertet damit. So mit der Haltung, ich kann jederzeit aufhören und zurückgehen und was anderes machen. Es gibt natürlich auch Kollegen, die verstehen das. Ich habe mal einen getroffen, der war vorher Musiker. Es gibt schon Leute, die das auch verstehen. Bei ihm zum Beispiel kam der Berufswechsel eher aus einer Not heraus: »Ich konnte mein Leben nicht finanzieren als Musiker, also musste ich was anders machen.«

ANNA N.

I just sometimes feel with this class thing, the biggest difference is the space for manoeuvre, which I see in certain mental patterns. My father has always repeated: »Never take loans. Never lend money to people. Never borrow money from people. Maybe you can lend money, but never borrow. If you have to borrow money, give back immediately, so you don't have debts. Never have debts and save up.« That's why I'm always kind of trying to create a certain buffer or a safety net in order not to be so dependent on others. And so, I have some savings, but I see that people who come from a different background, they can completely live the artist life experimenting with this, experimenting with that, getting lost in this or that, getting lost in art, because in the end, even if you fail, you will have a life that is on a higher standard than mine. I can have that life, but I have to work for that. And it is also a good push. I feel it's important not to put oneself in a victim position. And that's why I don't like to talk about class, because I don't perceive myself as a victim. There were times I did, but I do not anymore. I feel agency to transform and create things. And yet I find it important to acknowledge the discrepancy, the difference between these ways of upbringing and inheriting. I just see it with these friends. Certain friends of mine have simply different support systems, based in money. And yet I may be wrong in judging it this way, but I have a feeling that there is a certain ease that comes with money. I notice for myself that with having a bit of savings, I already experience a sense of ease. When I finished my education in Berlin, it was a really stressful time for me. The scholarship I was receiving was done, and the structure in which I was immersed shifted. I had no clue how I'm going to pay my rent. And now when I have a bit of savings I know if the worst thing comes, I still can live off that money for a couple of months, and it offers me a sense of security and relaxedness I haven't felt when graduating from the university. So, I assume that if you have that kind of a buffer in your family, it gives you a different freedom to try out, fail, loose yourself and establish your artistic practice. And of course, there are exceptions, of people who no matter what are all in, trusting they will find a way with or without the money. I completely appreciate and admire this trait. And yet, I feel calmer now with a bit of a security net woven for myself.

VERENA

Mittlerweile kenne ich, durch Stipendien oder Förderungen, das Gefühl von temporärer finanzieller Sicherheit. Und es ist heftig, was das mit mir macht. Das beruhigt mich. Das entspannt mich. Also, das ist auch sehr körperlich. Ich kann mich besser ernähren. Ich stehe weniger unter Druck. Das macht heute ganz viel mit mir. Hätte meine Mutter das in ihrem Leben mal erleben dürfen, das hätte ich mir sehr für sie gewünscht. Und auch für meinen Vater. Ich wünsche mir das natürlich für alle. Aber auch egoistisch für mich. Was die Geldsorgen meiner Eltern mit mir gemacht haben. Immer mit einer existenziellen Angst zu sein und sich nicht mal ausruhen zu dürfen. Oder nicht mal mit Zuversicht zu wissen, dass ich weich falle oder dass es schon gutgehen wird. Es gibt eine Studie, in der Bauern vor der Ernte und nach der Ernte befragt wurden. Die haben sogar einen IQ-Test machen müssen. Vor der Ernte, wo sie noch nicht wussten, wie viel sie einnehmen werden, ob das eine reiche Ernte wird, ist der IQ-Test schlechter ausgefallen als nach der Ernte, wo sie wussten: »Wir kommen durch den Winter, es ist alles gut.« Also meine unsichere Situation betrifft dann alles, auch wie ich meine Entscheidungen treffe. Ich kann, in einem Extrembeispiel, mit Hunger keine guten Entscheidungen treffen. Ich agiere dann immer aus einer Angst oder einer Not heraus.

ANNA S.

Ich hatte diese Existenzängste auch immer total krass, schon in der Schule und auch als die Uni losging. Ich glaube aber, dass es etwas mit Ostdeutschland zu tun hat. Ich bin in den 90er-Jahren als Kind in dieser krassen Krisensituation aufgewachsen. Ich hatte auch immer so ein krasses Bestreben, abgesichert zu sein. Das hat mich auch nach dem Uni-Abschluss total umgetrieben. Ich wollte sofort mein eigenes Geld verdienen und abgesichert sein. Meine Eltern konnten nicht verstehen, warum ich so gestresst bin. Sie wollten mich dabei unterstützen, dass ich etwas mache, was ich gut kann und wo ich auch einigermaßen okay damit bin. Als ich zwischenzeitlich in einem Copyshop gearbeitet habe, waren meine Eltern wenig begeistert. Ich hatte da grad meine Doktorarbeit abgebrochen. Da hat meine Mutti gesagt, dass sie das Gefühl hat, dass eine Mauer zwischen uns steht. Das fand ich ein ganz schön krasses Bild. Ich habe da zum ersten Mal etwas anderes gemacht als sie, nämlich nicht mich durchzubeißen, sondern abzubrechen. Die Jahre danach waren super schwer mit meiner Mutter, es gab auch Kontaktabbruch und so weiter. Ich dachte eigentlich, es lag an anderen Konflikten, aber wahrscheinlich spielte da Klasse auch rein. Als ich im Copyshop gearbeitet habe und in dieser Umbruchphase war, habe ich das erste Mal darüber nachgedacht, eine Ausbildung zur Physiotherapeutin zu machen, so wie mein Vater. Da habe ich vorher wirklich noch nie dran gedacht, weil ich mich in meiner Ausbildung und der Schule immer an meiner Mutter orientiert habe, die so die »Klassenaufsteigerin« in der Familie war, wo sonst alle Arbeiter:innen waren. Das hab ich aber doch nicht gemacht. Absurderweise ist diese krasse Existenzangst erst verschwunden, beziehungsweise zurückgegangen, seitdem ich entschieden habe, mich selbstständig zu machen. Das ist total absurd, weil sich jetzt erst zeigt, wie krass das ist und wie viel Geld ich selbst für die soziale Absicherung einzahlen muss. Wenn ich heute was aus meiner Arbeit erzähle, merke ich bei meiner Mutter, dass sie immer versucht, Verbindungen herzustellen zu ihren ersten Jahren. Zu DDR-Zeiten war man ja als Ärztin in der Poliklinik. Anfang der 90er-Jahre musste sie sich gezwungenermaßen selbstständig machen, weil man das nach dem Westmodell so machte, dass alle einzelne Praxen haben. Ich glaube, für sie ist es voll der verbindende Moment, dass ich mich auch selbstständig gemacht habe.

arbeiten_2

JULIA

Es war der erste Tag, an dem ich 16 Jahre war, als ich angefangen habe, im Museum zu arbeiten. Das hatte ich ja schon erzählt, aber ich will noch eine Ebene hinzufügen. Ich hatte auch noch drei, vier Nachhilfeschüler:innen. Damit habe ich mir Taschengeld dazuverdient. Auch nach dem Abitur hatte ich immer tausend Jobs, und mein Bruder nicht. Das ist vielleicht nicht uninteressant! Mein Bruder hat es irgendwie geschafft, BAföG zu bekommen. Ich habe das auch versucht, als ich angefangen habe zu studieren. Es gab die Schwierigkeit, dass ich keinen Kontakt zu meinem leiblichen Vater habe, aber die Daten von dem leiblichen Vater angeben musste. Das habe ich der Sachbearbeiterin bei einer Beratungsstunde im Rathaus erklärt. Dann hat die gesagt: »Das müssen sie jetzt herausfinden.« Und dann habe ich gesagt: »Ja, das geht leider nicht.« Und dann hat sie mich eiskalt angeguckt und meinte: »Dann geht's halt nicht.« Ich habe dann vor der geweint und gesagt: »Wissen Sie, ich weiß nicht, wie ich das herausfinden soll. Wenn Sie wollen, ich rufe meine Mutter an, und sie wird dann vor Ihnen heulen, weil sie über diesen Mann nicht reden kann. Und es gibt Gründe, warum wir nicht mehr als Familie aktiv sind.« Auf jeden Fall hat das Gespräch nicht weitergeholfen. Dann war klar, ich kriege kein BAföG. Erst hinterher habe ich herausgefunden, dass man es nicht wissen muss, und es macht mich immer noch so wütend. Das Amt findet das für dich heraus. Ich kriege da heute noch Ekel-Gänsehaut, ich finde das hardcore gemein. Auf jeden Fall habe ich kein BAföG bekommen und habe dann tausend Jobs gehabt. Es hat irgendwie geklappt und hat auch meinem Narrativ entsprochen, dass ich denke, ich komm schon irgendwie immer über die Runden.

VERENA

Ich hatte auch immer sehr viele Nebenjobs. Heute bin ich freie Künstlerin, selbstständig, lebe alleine in einer Einzimmerwohnung und zahle den Großteil meines Einkommens für die Miete. Ich mache freie Projekte. Das heißt, ich arbeite mal zwei oder drei Monate, und dann muss ich wieder gucken. Und sehr oft mache ich noch Nebenjobs. Ich hatte sehr viele Nebenjobs in meinem Leben. Ich wollte eigentlich mal eine Fotoreihe darüber machen. Oder was hat meine Freundin gesagt? »Ich fotografiere dich mal in diesen Jobs!« Diese Nebenjobs reichten von »Info-Person« am Bahngleis bis zu Arbeiten im Café oder auf dem Schiff. In meinem Studium bin ich in Düsseldorf in die Altstadt und habe Menschen Nackenmassagen gegeben. Also wirklich! Meine Kommilitonen mussten das nicht machen. Ich habe echt viel gearbeitet, was andere vielleicht auch nicht wussten. Mittlerweile, wenn es ein gutes Jahr ist, kann ich nur von meinen künstlerischen Projekten leben, und das ist ein Privileg und toll. Mittlerweile kann ich das auch genießen und sagen: »Ja geil, guck mal, was ich geschafft habe«, und bin auch stolz auf mich. Ich arbeite jetzt seit zehn Jahren als Tänzerin. »Ich bin Künstlerin«, das hätte ich vor ein paar Jahren nicht selbstbewusst sagen können. Ich hätte mich vielleicht sogar dafür geschämt. Da ist eine komische Scham, die etwas damit zu tun hat, dass ich in einem ganz tollen kulturellen Bereich arbeite und andere sich das sehr wünschen. Da ist aber auch immer wieder die Angst gewesen oder ist zum Teil auch noch da, dass andere das besser könnten. Da ist das Gefühl »Ich darf keine Künstlerin sein« und dass ich nicht dafür gemacht bin. Es fällt mir nach wie vor schwer, das für mich anzunehmen. Wahrscheinlich ist das ein klassisches Imposter-Syndrom.

ANNA N.

It was a big shock to go to SEAD (Salzburg Experimental Academy of Dance) to study. I'm not sure, if it has only to do with class or maybe even more with the wealth of each of the countries of origin. There were not many Polish people studying in SEAD, because you had to pay 330 euros per month, plus accommodation and your food. Moving there was a big shock, this was when I really felt the class difference. We would start the classes at 9:00, I would come early to practice, because I really wanted to be a dancer and I tried to compensate for my late start in contemporary dance. I would come around 8:00 to school, often would leave at

22:00 because after classes I rehearsed or did my own practice, and afterwards I would go to work behind a bar. If there was no afternoon class, I would start working at 18:00, finish working at 1:00 in the morning, then drink wine with my friend, because we were so full of everything. Short sleep and then back to school. I was working behind the bar, cleaning at school, cleaning the director's house, then modelling. I struggled to model naked for painters, coming from a Polish-Christian upbringing. It wasn't so easy to get naked in front of people and let them paint me, but this was the best paid job, so I finally started doing that. It turned out to be amazingly beautiful, because painters were so nice. They would always offer a dinner and then I could see how they paint, and admire the outcomes of their work. It was fantastic. I really worked a lot. I was also teaching evening classes at SEAD, because I had to pay the school. I was also baking cakes and selling cakes at school, to make money as well. So, I had all these jobs to pay the school and my living. Other students would just hang out, buy lunches at the school, because sometimes there was a cook, and you could buy a ready meal. After school they would hang out, drink wine, go to parties. And this is where I thought, oh, there's a difference. There's a difference between us. This was the first big, big shock. At the same time, I think I was very oblivious when I was still in Poland, because I've been growing up in Warsaw with all the privileges of a person growing up in this city. There were people coming to study from smaller towns and from villages. I think I was really oblivious to discrepancies, and I had to learn my lesson living the other perspective, to understand that I was just not paying attention. I had my little Fiat Cinquecento, I lived in my own flat, I was studying, dancing, I was teaching English, and yet I was coming from a privileged, working, but privileged background. And I was not seeing that difference, you know. I remember my boyfriend at the time, who came from the Lake District in Poland, he was renting a flat. I remember we were driving in my car and I think I was complaining that I had no money and he was like: »How you have no money you have a car and a flat?« But I did not have money. The flat was something that my parents could put together because of the change of the system in Poland, and having saved up for a flat in the communist country. Then they took a loan, finally managed to get a place for me. Now I understand what my ex-boyfriend meant at that time, but I wasn't aware of that back then. Now, living in a rented flat in Germany and not being able to get a loan, I do.

DÉSIRÉE

Ja, also, ich habe durch meine Arbeit als Busfahrerin und dadurch, dass ich weiß, wie sich das anfühlt, viel mehr Respekt bekommen vor Arbeiter:innen allgemein. Also diese teilweise sehr physische Arbeit, die sehr viele Stunden in der Woche durchgeführt wird, ohne einen Ausgleich zu finden. Wenn wir freihaben, ist alles andere zu. Ich sehe, dass diese Menschen sich irgendwo auch sehr opfern und auf eine Art dafür einstehen, was sie tun. Dieser Blick hat sich auf jeden Fall verändert. Wir hatten die Diskussion in der Pandemie, welche Berufe sind systemrelevant und welche nicht? Das wird bei vielen überhaupt nicht hinterfragt. Aber ich sage mir und den vielen anderen, mit denen ich arbeite, das muss man kommunizieren. Man muss auch sagen, was wir jeden Tag leisten. Du kannst es nicht verstehen bis zu dem Zeitpunkt, wo du es selber tust. Ich wusste vorher schon, dass es ein harter Job ist und sehr anstrengend. Aber wenn du da nur drüber nachdenkst, dann kannst du nicht viel damit anfangen. Was ich auch interessant finde, ist, dass bei mir so ein praktisches »Ich tue halt, was ich tue« da ist. Und ich merke, dass man sich in der Arbeiter:innenklasse wenig damit auseinandersetzt, wie man sich in der Gesellschaft mit dem, was man tut, positioniert. Es ist einfach gar kein Raum dafür da, weil man so ausgenutzt wird, dass man einfach nur noch müde ist. Das habe ich wirklich unterschätzt. Ich weiß nicht, ob das in anderen Ländern anders ist als hier. Aber ich habe auch sehr, sehr unterschätzt, wie viele Menschen das sind, die diese Form von Arbeit ausführen.

»Arbeiterinhose« (2017/2023)

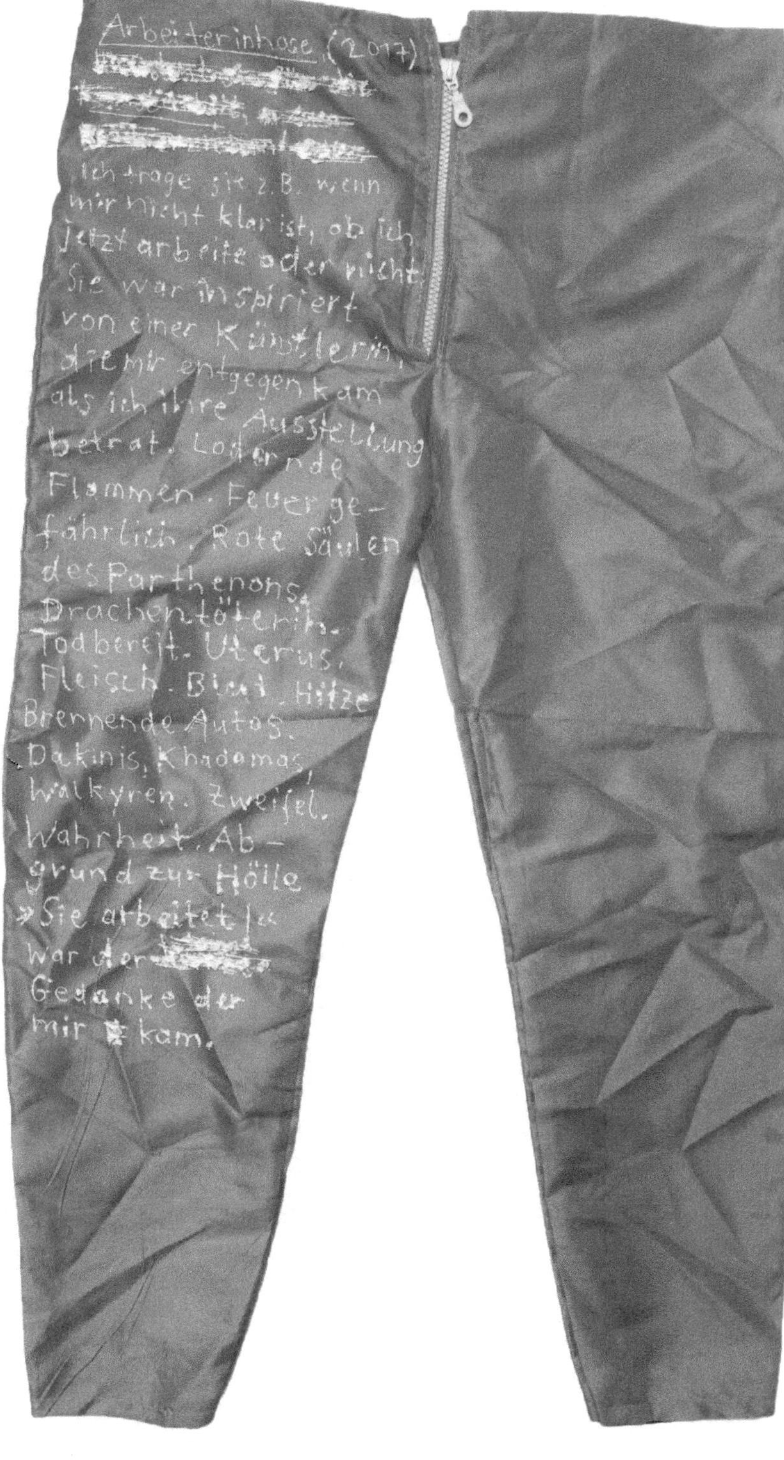
Arbeiterinhose (2017)
Ich trage sie z.B. wenn
mir nicht klar ist, ob ich
jetzt arbeite oder nicht.
Sie war inspiriert
von einer Künstlerin,
die mir entgegen kam
als ich ihre Ausstellung
betrat. Lodernde
Flammen. Feuer ge-
fährlich. Rote Säulen
des Parthenons.
Drachentöterin.
Todbereit. Uterus.
Fleisch. Blut. Hitze
Brennende Autos.
Dakinis, Khadomas,
Walkyren. Zweifel.
Wahrheit. Ab-
grund zur Hölle
»Sie arbeitet«
war der
Gedanke der
mir kam.

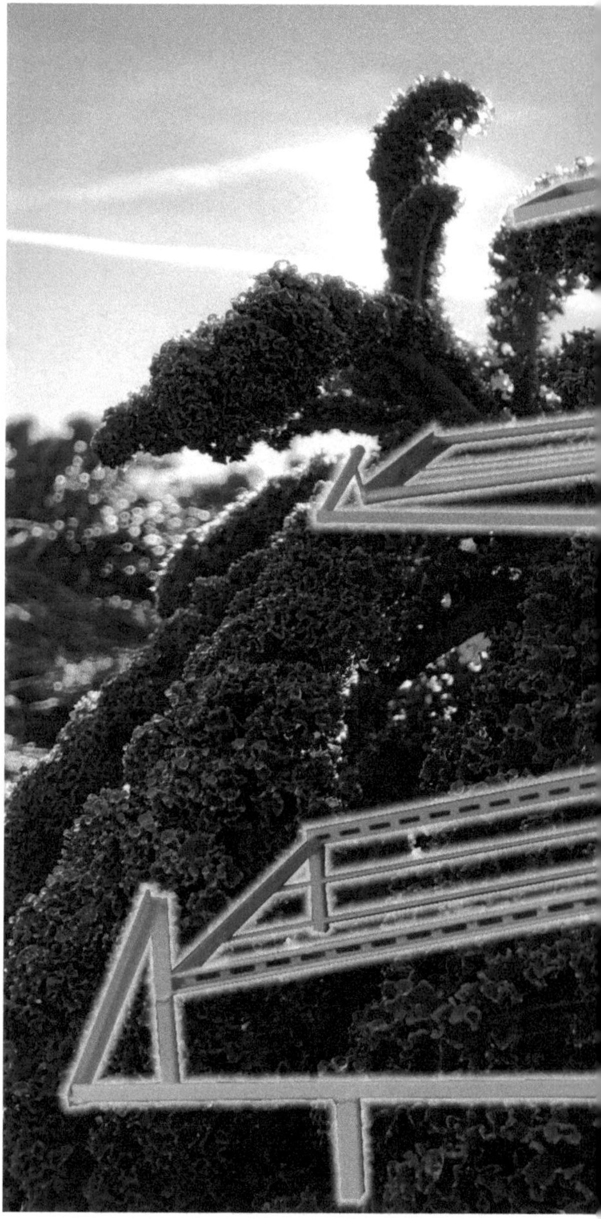

»Odradek« (2015/2024)

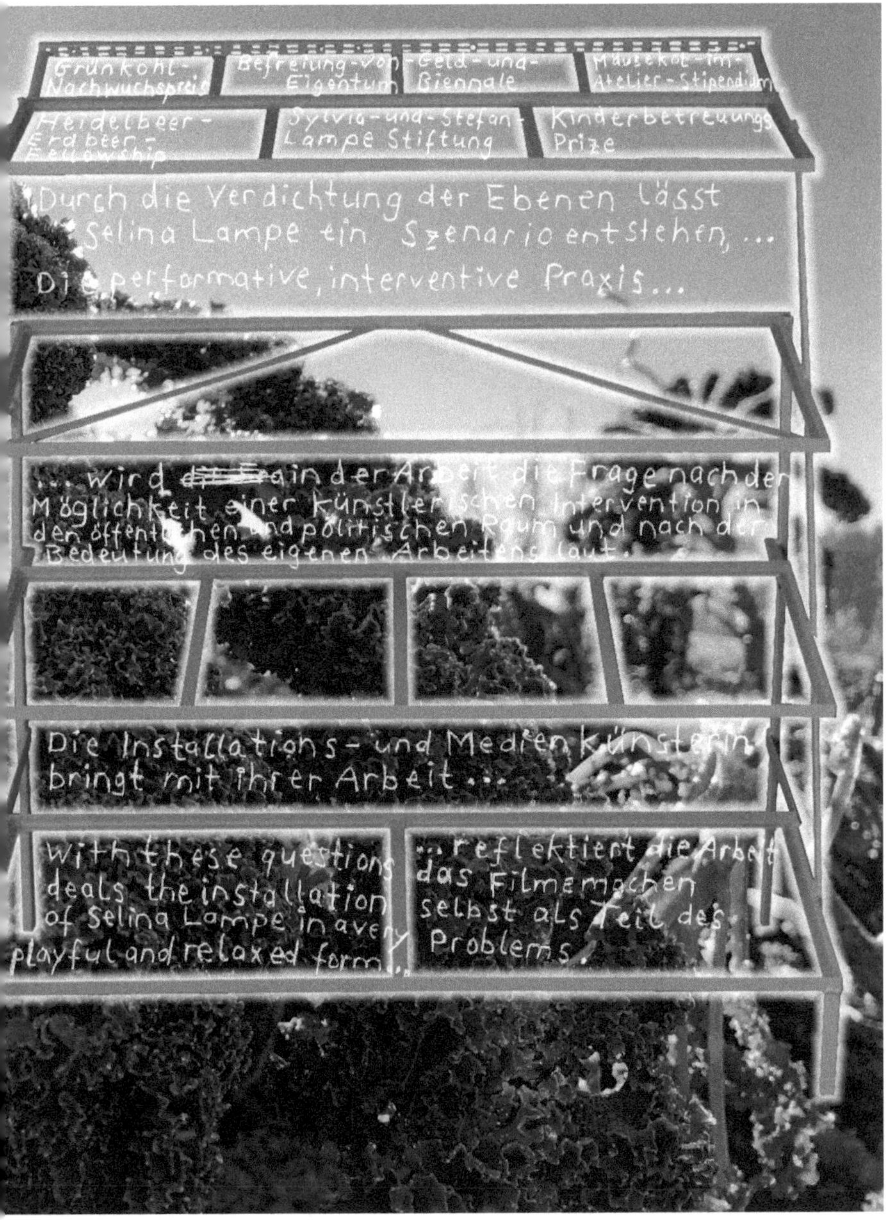

Grünkohl-Nachwuchspreis
Befreiung-von-Eigentum
Geld-und-Biennale
Mäusekot-im-Atelier-Stipendium
Heidelbeer-Erdbeer-Fellowship
Sylvia-und-Stefan-Lampe Stiftung
Kinderbetreuungs Prize
"Durch die Verdichtung der Ebenen lässt Selina Lampe ein Szenario entstehen, ...
Die performative, interventive Praxis...
... wird in der Arbeit die Frage nach der Möglichkeit einer künstlerischen Intervention in den öffentlichen und politischen Raum und nach der Bedeutung des eigenen Arbeitens laut.
Die Installations- und Medienkünstlerin bringt mit ihrer Arbeit ...
With these questions deals the installation of Selina Lampe in a very playful and relaxed form..
... reflektiert die Arbeit das Filmemachen selbst als Teil des Problems.

klasse_sprechen

AGNIESZKA

Ich glaube, in der Entwicklung meines politischen Bewusstseins kam Klasse tatsächlich zuletzt. Erst kam das Verständnis von mir als queere Frau und Feminismus, aufgrund von Sexismus, dann meine Migrationsgeschichte und dann Klasse. Ich finde, so läuft es auch gesellschaftlich. Irgendwie kommt Klasse immer zuletzt, auch wenn Klasse so lange wichtig war in kommunistischen Kämpfen. Allerdings weiß ich nicht, ob es da wirklich richtig verstanden worden ist. Weil meine Eltern streng katholisch waren, bin ich auf so etwas wie eine Privatschule gekommen. Wir mussten dafür nichts bezahlen, weil wir aus einem Arbeiter:innen-, armen Elternhaus kamen beziehungsweise Migrationsgeschichte hatten. Es wurde subventioniert. Auf dieser Schule waren aber nur Ärzt:innen-, Lehrer:innnen-, Managerkids. Ich habe es ganz lange nicht verstanden, während ich auf der Schule war. Erst im Nachhinein, als ich mich mit meiner Migrationsgeschichte auseinandergesetzt habe, habe ich gemerkt: Das ist ja total interessant im Rückblick, dass alle meine Freund:innen die Einzigen auf der Schule waren, die einen ähnlichen Background hatten wie ich. In diesem Freund:innenkreis waren wir alles junge Frauen mit Migrationshintergrund oder aus Arbeiter:innenfamilien und eine Freundin war die einzige Schwarze Person, die es auf unserer Schule gab. Mir ist das nie aufgefallen. Während der Schule hatte ich da keine Begriffe dafür. Es war aber auf jeden Fall immer wieder Thema. Alleine damit, dass ich nie Markenklamotten hatte und mich deswegen immer schlecht gefühlt habe. Oder wenn ich endlich ein Lieblingsoberteil hatte und es jeden Tag getragen habe, bis mich die Kinder gemobbt haben, weil ich jeden Tag das Gleiche anhatte.

CEYDA

Bei mir war es in der Schule ganz ähnlich, aber ich bin schon früh mit dem Begriff Klasse in Berührung gekommen. Den Klassenbegriff habe ich zum ersten Mal von meinem Vater gehört. Klasse hat schon immer bei uns in der Familie eine Rolle gespielt. Mein Papa ist auch ein bisschen in der Arbeiter:innenbewegung, und als Kind war ich oft mit ihm auf Demonstrationen. Mir war bewusst, dass wir aus einer Arbeiter:innenklasse kommen. Ich meine, die Gespräche zu Hause liefen auch so ab. Am Küchentisch hat mein Vater erzählt: »Ja, ich will nicht, dass ihr später wie ich schuftet. Ich will, dass ihr etwas Ordentliches studiert, dass ihr einen angesehenen Beruf habt, deswegen seid gut in der Schule. Ich unterstütze euch dabei.« Wo ich Klasse aber ganz bewusst erlebt habe, war auf jeden Fall auf dem Gymnasium, also beim Wechsel von der Grundschule aufs Gymnasium. Aber ich habe Klassismus immer in Kombination mit Rassismus erlebt. Erst viel später konnte ich die auseinanderhalten. Erst im Studium, als ich mich tiefer mit diesen Theorien beschäftigt habe, konnte ich es auseinanderhalten, aber eigentlich habe ich es immer in Kombination erlebt. Mit dem Sprung aufs Gymnasium, ganz viel auch von den Lehrer:innen, aber auch von den Mitschüler:innen. Also mein Freund:innenkreis hat sich sofort verändert. Ich hatte in der Grundschule eine beste Freundin, sie hieß Jenny, und ihr Vater war Journalist, und ihre Mutter war auch Journalistin. Ich war sehr oft bei ihr, sie war oft bei uns, ich habe mal bei ihr übernachtet und sie bei mir. Mein Zuhause war immer ganz klein. Ich habe mir mit meinem Bruder ein Zimmer geteilt, eine Zeit lang war mein Halbbruder in dem Zimmer, und manchmal war auch die Oma da. Wir waren in einem Zimmer zu viert. Bei Jenny war alles total überdimensional. Das waren drei Stockwerke. Ihr Vater hatte ein Stockwerk, ihre Mutter hatte ein Stockwerk, und sie hatte mit ihrer Schwester ein Stockwerk, aber getrennte Zimmer. Ich fand es total aufregend bei Jenny. Eigentlich wollte ich immer bei Jenny sein, aber Jenny wollte ständig bei mir sein zum Übernachten und so. Wir haben echt einen Klassenaustausch gemacht. Ich war bei ihr, High Society durfte ich erleben und sie konnte *the underground* kennenlernen. Das war in der Grundschule, das erste Bewusstwerden von »Wow, es gibt auch Mädchen in meinem Alter, die leben ganz anders«. Aber ich war nie eifersüchtig. Ich wollte dann auch ein eigenes Zimmer haben oder habe mich gefragt, warum das so ist, aber ich war nicht traurig deswegen. In der fünften

Klasse gab es einen radikalen Bruch zwischen uns. Sie war eher mit *weißen* deutschen Mädchen befreundet und ich eben mit den migrantischen Mädchen in der Klasse. Das lief auch bis zum Abitur. Nur in der Theatergruppe gab es einen neuen Raum für mich, der ein bisschen diskriminierungsfrei war. Es war auch ein Fluchtort für mich, ein utopischer Ort, wo ich verschiedene Dinge ausprobieren und in Rollen schlüpfen konnte, von denen ich immer geträumt habe. Das hat sich bis heute so bewahrt. Da war Klasse auch nicht wichtig. Da war auch meine Herkunft nicht wichtig. Irgendwie war das echt ein schöner Ort in der Schule. Aber das erste Semester an der Uni, das war katastrophal. Da konnte ich lange nicht über Klasse sprechen.

MALU

Das Spannende für mich ist gerade, dass ich mit dem Wort Klassismus ein Wort gefunden habe für eine Empfindung, die ich schon sehr lange kenne. Zuerst dieses berühmte »Wir kleinen Leute« von meinen Eltern, dann die ersten klassistischen Erlebnissen am Gymnasium, in der fünften Klasse im Musikunterricht, und die ganzen klassistischen Erfahrungen, Empfindungen und Wahrnehmungen im Musikstudium, wo ich einfach keine Worte dafür hatte. Ich habe so viel drüber nachgedacht und auch viel gelitten. Ich hab oft gedacht: »Was läuft denn grade falsch?« Jetzt sage ich einfach »Klassismus« und habe neunzig Prozent von den Empfindungen abgedeckt, unter den ich damals sehr gelitten habe. Und das ist einfach toll, da eine Sprache zu finden, weil sie Empfindungen Raum geben kann. Ich hatte das auch mit vielen queeren Themen. Ich habe mich als Kind schon non-binary gefühlt, aber war natürlich weit davon entfernt, Begriffe dafür zu haben, und musste leider auch relativ lange suchen und forschen, was da wirklich mein Thema ist. Ich erinnere mich, wie wohltuend es sein kann, Sprache und Wörter zu finden für Empfindungen, die man schon sehr lange hat.

AGNIESZKA

Das hat auch was mit Aneignung zu tun. Dazu braucht es erst mal eine Form von Bewusstsein, um darüber reden zu können. Und das entsteht beispielsweise dadurch, dass man zur Uni geht und sich mit Theorien auseinandersetzt wie Rassismus oder eben Feminismus und dann Queerfeminismus und dann irgendwie Drag. Also diese ganzen Begriffe muss man erst mal haben, um sich das aneignen zu können. Ich habe in der WG, in der ich gewohnt habe, eigentlich die ganze Zeit nur blöde Kommentare darüber gemacht, mich immer auf meine quasi Arbeiter:innenklasse und »Opferrolle« als Pol:in berufen. Und jetzt habe ich seit einem Jahr angefangen, Musik aufzulegen. Das sind zum Beispiel Sachen, die hätte ich mich früher in der WG niemals getraut. Ich bin schon eher eine Person, die im Mittelpunkt steht und sich gerne aufspielt. Aber das konnte ich immer nur bis zu einem gewissen Punkt, weil ich immer dachte, mir steht das nicht wirklich zu, dieser Raum. Und das ist was, wo sich in dem letzten Jahr auf jeden Fall echt was getan hat. Irgendwie kann ich mir den Raum leichter nehmen und denke, mir steht der auch zu.

JULIA

Ich glaube, seit ein paar Jahren ist Klasse mehr ein Thema für mich geworden, auch in feministischen Kontexten. Ich habe mich immer sehr drüber gefreut, war aber auch ein bisschen so: »Hä, ich habe doch studiert, ich bin doch jetzt keine Arbeiterin, ich arbeite auch intellektuell!« Ich hatte das Gefühl, ich als *die Arbeiter:in*, da hängt was. Da frage ich mich schon auch: Wie kann ich über Klasse oder Arbeiter:inneklasse sprechen und mich dazu ins Verhältnis setzen?

DÉSIRÉE

Ich fühle mich zum Beispiel als *working class*. Ich weiß aber noch nicht, inwiefern ich mich damit identifiziere. Ich glaube, das ist auch eine Frage von Zeit. Angenommen, ich mache das jetzt zehn Jahre, dann findet wahrscheinlich auch ein Identifikationsprozess damit statt. Ich habe manchmal den Wunsch, ich wäre quasi Arbeiterklasse, weil es den Lebensweg durchstrukturiert. Dieses Gefühl man ist lost, man muss selber aktive Entscheidungen treffen, das wird einem alles genommen. Ich kann mir nicht aussuchen, wann ich arbeiten will. Das wird alles vorgeschrieben. Es wird mir vorgeschrieben, wann ich schlafe, es wird mir vorgeschrieben, wann ich feiern darf. Das ganze Leben ist durchstrukturiert, und es ist manchmal auch entspannend. Es hört sich wie ein Gefängnis an, ist es auch, aber das ist auch gut. Und in dem Sinne gibt es auch nichts, was man bereuen kann. War es jetzt eine richtige Entscheidung, nach Deutschland zu gehen? Oder wäre es besser, ich gehe wieder zurück nach Hause? Dass man sich selber dafür verantwortlich macht, weil man es auch ist, das fällt weg. Ich meine, es gibt nur wenig Spielraum dadurch. Ich habe zum Beispiel viel weniger das Gefühl, dass ich depressiv bin oder mit der Welt nicht richtig klarkomme. Klar, ich habe Wut und Frust in meiner Arbeit im Moment, aber die geht direkt aus dem Kanal raus, die bleibt da. Ich denke nicht, wie früher, wochenlang über diese und jene Unterhaltung mit einer Künstlerin nach, die mich emotional total bewegt hat. Das ist viel direkter und viel im Hier und Jetzt. Wenn du zum Beispiel einen Streit mit einem Fahrgast hast, dann musst du das direkt mit dem kommunizieren. Du kannst nicht darauf hoffen, dass du den in drei Wochen wiedersiehst, wenn du es reflektiert hast und ein bisschen politisch-demokratisch versuchst zu kommunizieren. Nein, das muss dann geregelt werden, in der Situation.

ANNA S.

Ich habe auch so ein komisches Bild von Arbeiter:innen, das mit Direktheit und Offenheit verknüpft ist. Das stimmt natürlich nicht für alle. Aber so ein unbefangenes Interesse am Gegenüber, das habe ich eher von Menschen wahrgenommen, die nicht aus bürgerlichen Familien kamen. Als ich studiert habe, habe ich auch Gewerkschaftsarbeit gemacht. Ich habe für die IG Metall Bildungsarbeit gemacht, was den Grundstein gelegt hat für meine Bildungsarbeit. Alles, was ich heute mache, habe ich angefangen mit der IG Metall zu lernen. Ich habe das damals gar nicht so eingeordnet, das ist mir erst in den letzten Jahren aufgefallen, dass ich damals eine Verbundenheit hatte zu diesen Metallern und Metallerinnen. Die Funktionärsebene war immer scheiße, auf diese Säcke hatte ich keinen Bock, aber auf die Leute aus dem Betrieb, da habe ich mich immer verbunden gefühlt. Ich habe nie darüber nachgedacht, woher das eigentlich kommt, und verstehe das erst in den letzten Jahren, dass mein Opa, also jetzt wieder mütterlicherseits, der hat den Wartburg zusammengeschraubt in Eisenach. Dann mit 1989/90 und der Treuhandabwicklung gab es richtig, richtig krasse Widerstände aus den Betrieben. Sein Betrieb wurde plattgemacht, und da kam ein fettes, neues Opel-Werk dahin, das den Corsa produziert hat. Das war Anfang der Neunziger, da haben sie die Fabriken besetzt, die haben eine Autobahnblockade gemacht, da gab es in der

Nähe Hungerstreiks in Bischofferode! Ich habe leider zu Lebzeiten nie mit ihm darüber gesprochen und habe das erst in den letzten Jahren erfahren. Ich bin auch traurig drum, dass ich nie mit ihm darüber sprechen konnte. Es ist so *krass*, ich habe 2006 auch eine Autobahn blockiert, aber gegen die Studiengebühren. Und vielleicht hat es tatsächlich was mit meiner Biografie zu tun und mit meiner Familie, dass ich da eine Verbundenheit habe. Deswegen ist Klasse für mich schon wichtig. Vielleicht hat aber auch Scham eine Rolle gespielt, dass ich mich dafür geschämt habe, dass meine Mutter einen Aufstieg hingelegt hat und dass ich es ein bisschen besser habe als zum Beispiel andere in meiner Familie.

ANNA N.

I have to say it's very interesting, because for a very long time I didn't think about class and the way it impacts my life. My family definitely lives the ethics of the working class, but we have never talked about it. I could only notice it post factum, when I was already out of home. I was surprised to realize that I'm assuming a particular ethics, and this ethics has not so much to do with being Polish, but with being from a particular socio-economic class. We were always saving up. When I was in high school, my Mum worked for a travelling reservation agency, and we could fly once a year to a chosen destination. I remember flying to Paris. We could book a very cheap flight, my Mum didn't pay and we paid 25 percent of the costs of the ticket. Then we got this hotel in the far outskirts of the city, made sandwiches for the whole day and went sightseeing. We never ate out, but with the pocket money I saved during the trip, I could buy myself a souvenir in the end of the travel. I remember buying cheap, comparing which products are cheaper, living modestly. And at the same time, my father knew all the politicians. He was poor *and* he knew all the politicians. So, there is like this weird mix inside of me, which I am only able to notice and articulate now. A need to always save up, and an aspiration to be more educated, having more support system in case something goes *wrong*. I also recognize my privilege, because in Poland I am a middle-class person now. I think. I have privileges, which other people don't have. And I see that … I could study abroad. As I was doing my master's in psychology, I decided to go to a dancing-school. I think, my parents thought I'm completely crazy. But they didn't stop me. On the contrary, they tried to support me. They did support me with some money. And with the difference between zloty and euro, I still had to work every day after school to pay the tuition fee, and to pay the cost of living. It's interesting, because these past two years, I feel this paradox deeply. My life is much better now in comparison to when I came to Berlin. I can afford things. I can go buy coffee, buy dinner. Which I couldn't when I came. Or because I thought I must be saving. Maybe I would not say out loud all the weird things I was doing. No. It was really weird. And now, I feel better about it. It all depends on a perspective and a point of reference. I recently tried to get a loan in Germany to buy a flat instead of paying rent all the time. People in the advising company were nice, and they made me acknowledge the impossibility of this move. I don't have a stable job with a stable, predictable income. I am an artist. I am a foreigner. I can't get a loan. I tried twice already, and until now didn't manage. That's the reality, for now. Sometimes I feel proud and quite affluent, realizing that I have managed to have some savings. And at the same time, I feel a really strong discrepancy. I see my privilege of getting my education for free in Poland, and then getting the education I had to pay for. Many degrees were possible, because I worked simultaneously, and I got scholarships. The whole certification process in dreamwork was very expensive. In the beginning I could only afford one class with a fund that my teacher, Cathrine had established to support people with lower incomes. I kind of sustained until I started earning money. So, somehow I see that I am a mix of classes. I do have some of a backup, not the backup of a German family though. Even my friend who comes from a West-German working-class family, if we compare his parents to my parents, the backup is very different. On the other hand, my other friend from the West-German working-class family has even less backup than me. It is challenging to make general statements. There was a period, when I really felt the class difference between my artistic friends that come from the west and me, because I saw, that most of them, even if they come from a »poor milieu«, they will end up quite affluent in the future. And of course it's a complex issue, and it is hard to generalize.

ANNA S.

Jetze bin ich auch an dem Punkt zu sagen: »Nee.« Meine Mutter hat zwar einen Aufstieg hingelegt, aber trotzdem ist das Ganze komplexer und meine Familie, die ist aus der Arbeiter:innenklasse. Ich meine, ich komme aus der DDR, da war das nicht so krass wie im Westen mit dieser Klassengesellschaft. Natürlich gab es da auch Klassen, aber was mir immer wieder auffällt und weshalb ich auch immer noch mit dem Osten verbunden bin, ist, dass es nicht so eine krasse Abwertung von verschiedenen Berufen gab. Der Handwerker war genauso viel wert wie die Ärztin. Das macht mich schon fertig hier. Ich finde es einfach scheiße, dass manche Berufe so abgewertet werden. Und deswegen hat Klasse schon eine ziemlich große Bedeutung. Mit dieser Ost-Auseinandersetzung wird mir das noch mal präsenter, dass das ganz schön doll was mit mir zu tun hat.

MALU

Ja, ich würde auf alle Fälle sagen, dass Klasse auch viel mit regionaler Identität oder regionaler Verortung zu tun hat. Regionale Verortungen werden ja in Metropolen generell eher negativer gelesen. Innerhalb von Deutschland, also in der alten BRD, gibt es auf alle Fälle so ein Gefälle zwischen Nord- und Süddeutschland. Da gibt es ein Klischee von »Süddeutschland ist rückständig«, was für manche Bereiche vielleicht auch zutrifft. Man müsste das aber alles genauer analysieren und nicht alle Leute, die zum Beispiel einen entsprechenden Sprachduktus haben, in diese Tüte packen. Es ist gerade wieder ein Thema, an dem ich dran bin. Sprache ist da auf alle Fälle ein Faktor. Ich habe auch aus verschiedenen anderen Gründen sehr viel Interesse an ostdeutschen Biografien und ostdeutscher Geschichte. Da gibt es ja ein ähnliches Phänomen, dass in der neuen BRD ostdeutsche Sprachmelodien oder ostdeutsche Herkünfte tendenziell diskriminiert werden.

ANNA S.

Ich weiß noch das erste Jahr, wo ich zum Studieren nach Marburg gekommen bin. Da haben sich ganz viele Leute sehr über meine Sprache belustigt. Ich habe da mitgelacht. Es ist mir erst Jahre später klargeworden, dass ich da angefangen habe, mir meine Sprache abzutrainieren und Hochdeutsch zu sprechen. Ich hatte keinen Bock, für dumm gehalten zu werden. Das ist aber das, was passiert ist: »Haha, du kommst aus Sachsen.« Und ich: »Nein, ich komme nicht aus Sachsen. Ich komme aus Thüringen, und du weißt wahrscheinlich nicht mal, wo das ist.« Auch in dem linken Hausprojekt war das immer der Running Gag. Was da auf jeden Fall auch auffällig war: Im Westen, wo ich studiert habe, schien mir alles oft harmonisch. Vielleicht ist das übertrieben, die Leute haben natürlich alle ihr Gepäck zu tragen und haben krasse Sachen erlebt. Aber so etwas wie krasse Arbeitslosigkeit, Brüche in der Erwerbsbiografie, so etwas kannte die Westgesellschaft nicht. Für mich war es total normal, dass die Leute die Ellenbogen ausgefahren und gesagt haben: »Wir haben es geschafft.« Aber der Großteil der Gesellschaft ist richtig krass abgekackt. Das habe ich gar nicht wiederfinden können, wie da an der Universität gesprochen wurde. Diese Erfahrung war gar nicht da. Meine Arbeit im Vordiplom habe ich zu Prekarität geschrieben, weil mich das super doll interessiert hat. Wenn ich jetzt überlege, tauchte da diese Erfahrung auch nicht auf. Ich weiß noch, dass Klaus Dörre, glaube ich, im Osten Leute befragt hat. Da tauchte es vielleicht ein bisschen auf. Ansonsten tauchte diese Krisenerfahrung, die noch relativ jung war, nirgendwo auf.

MAJA

Ich glaube, dieser Klasse-Begriff kam mir erst mit 15, als ich in einem Marx-Lesekreis war. Wir haben dann zusammen Marx gelesen, und er hat natürlich immer den Klasse-Begriff genutzt und die Bourgeoise und bla, bla, bla. Da habe ich erst gecheckt, okay, das ist kein ausschließlich historischer Begriff. Das war nicht nur etwas, was existierte, als Marx gelebt hat, sondern trägt sich auch in diese Gesellschaft weiter. Ich glaube, erst dann kam ein bisschen der Aha-Moment für mich. Ich würde das nicht nur an diesem Punkt festmachen, aber ich glaube, das war ein Moment, wo dieser Begriff für mich das erste Mal sehr klar definiert wurde. Das war für mich voll spannend zu verstehen, dass die Fabrikarbeitenden die nicht-privilegierte Klasse waren oder eben diese und diese Person. Meine Großeltern sind als sogenannte Gastarbeiter:innen nach Deutschland gekommen und haben in der Fabrik arbeiten müssen. Fabrikarbeit war deswegen für mich ein vertrauter Job. Ich habe mich deswegen in diesem Lesekreis auch repräsentiert gesehen. Trotzdem gab es diese Aufwach-Momente schon früher, auch auf dem Gymnasium. Es war ein bilinguales Gymnasium, was sehr viele Möglichkeiten geboten hat. Da habe ich natürlich gemerkt, andere Personen haben Nachhilfe, andere Personen können sich jede Ferien einen Urlaub leisten, der *nicht* in das Herkunftsland der Eltern ist. Die können sich viele Dinge ermöglichen, auch Kleidungsstile und Marken, die ich nicht gekauft habe. Ich dachte immer, dass es etwas mit unserem Migrantisch-Sein zu tun hat. Ich habe diesen Unterschied eher daran festgemacht und nicht an unserer Klassenerfahrung. Aber dann hab ich verstanden, dass das ja gleichzeitig ist.

SAMIRA

Ich habe Klasse bis vor kurzem noch gar nicht verwendet. Das Wort Klasse haben wir in der Familie nie gebraucht. Wir haben nie gesagt: »Wir gehören zur Arbeiterklasse.« Es war klar, dass wir nicht zu den Reicheren gehören oder zu den »Gebildeteren«. Man war eher eingeschüchtert von Leuten, die in Anführungsstrichen was Besseres sind. Aber es wurde jetzt nie wirklich so thematisiert. Und das Wort Klasse oder der Begriff ist mir eigentlich erst vor kurzem wirklich klargeworden. Natürlich ist Marx ein Begriff für mich gewesen, aber ich habe ihn nie gelesen. Und natürlich, die *Arbeiterklasse*, diese Begriffe waren mir klar. Aber so richtig habe ich mich nie damit befasst, und es war in meinem Studium der Kunstgeschichte kein Thema. Ich habe es von selbst nicht gelesen, wir haben es nicht thematisiert in der Familie. Eigentlich war klar, wozu wir gehören, aber jetzt nicht, dass man das analysiert oder hinterfragt hat. Dass Klasse wirklich was mit meiner Situation jetzt oder überhaupt die letzten Jahre zu tun hat, das wird mir erst so wirklich bewusst. Ich habe erst vor kurzem begonnen, mich damit zu befassen. Um Marx habe ich immer einen Bogen gemacht.

EWE

Also ich verwende den Begriff Klasse, aber mittlerweile als selbstempowernden Schritt. In dem Kontext, in dem ich jetzt bin, habe ich lange nicht über meine Klasse geredet. Ich habe in die intellektuellen Kontexte, in die ich eingetreten bin, als ich in sie eingetreten bin, auch versucht, das zu verstecken. Ich habe mir quasi meine eigene Markierung genommen. Ich habe es denen, auf die ich treffe, sehr gemütlich gemacht. Als ein »aufsteigendes Arbeiterkind« ist man extrem gut darin, die eigenen Codes von Klasse zu verstecken. Man *glaubt*, dass, wenn man sie zeigt, es zur Konsequenz hat, dass man irgendwo nicht unterkommt. Ich habe ganz lange eben nicht darüber gesprochen, und als Teenie war es mir auch peinlich. Jetzt sage ich das, markiere ich das, aber jetzt geht es auch in meinen Arbeiten da drum. Und was ich interessant finde, wenn ich *Klasse* benutze, und dieser Vorwurf kam auch von bestimmten Kontexten, mit denen ich gearbeitet habe, dann verlängere ich damit sozusagen ein Opfernarrativ. Ich verlängere das Opfernarrativ des Arbeiterkindes, das es so schwer hatte. Ich sehe es aber anders. Wenn ich das Wort nutze, mache ich mich gar nicht zum Opfer. Ich benutze es auch nicht so sehr, um mich selber zu beschreiben, sondern um an Tischen oder in Texten oder in Projekten, die ich mache, etwas zu markieren. Es ist eine Markierung von den Grundanordnungen in diesem Kontext. Es ist für mich jetzt ein wichtiger Begriff, weil es nicht egal ist, welche Biografien und Produktionsbedingungen hinter den Leuten stehen. Und mittlerweile spreche ich es offen und viel an. Aber wie gesagt, in den Projekten, in denen ich arbeite, geht es auch darum.

ANNA N.

When you talked about »Produktionsbedingungen«, I had to think about the structures. It's true. It's the structures. But the structures are created by people. We create the structures. The problem is for me, that one doesn't question the structures one lives in … It's like me, growing up in Warsaw, not being aware about the discrepancy between the people coming from a village and a city. Taking my privilege for granted. I still tried to use my privilege to support others. For example, I was a scout and I was really believing in it a lot and I would always pay the fees for all the kids because I thought: »Why should they pay?« So, I paid for them. I could do it at that time. Or I would do voluntary work. I always volunteered. But it's really the question of »How do you use your privilege to create opportunities for the others?«

AGNIEZSKA

Ich kenne diese Angst, die eigene Klasse offenzulegen. Ich glaube, vielleicht habe ich da sogar drüber nachgedacht, bevor ich hierhergeradelt bin. Ich dachte, eigentlich kann man generell über solche Sachen nur wirklich reden, wenn man Künstler:in ist. Wenn man beispielsweise Sachen organisiert, dann steht die eigene Identität im Hintergrund und es geht eher darum, was man schafft. Dass ich zum Beispiel wirklich oft am Kämpfen bin – damit, dass ich mich nicht wirklich zugehörig oder wohlfühle in den Bereichen, in denen ich arbeite, das kann ich dort nicht thematisieren. Ich frage mich aber, inwiefern es etwas mit mir selbst und meiner eigenen Angst zu tun hat, meine Klasse offenzulegen und dem, was man beigebracht bekommt, wenn man sich in solchen Kontexten bewegt, wie zum Beispiel diese Privatschule, auf der ich war. Als ich damals auf die Schule gegangen bin, war es mir peinlich, zu sagen, dass meine Eltern kein Geld haben, damit ich mir Nike-Schuhe kaufen kann. Insofern ist das etwas, was sehr verschwiegen wird, generell in der Gesellschaft.

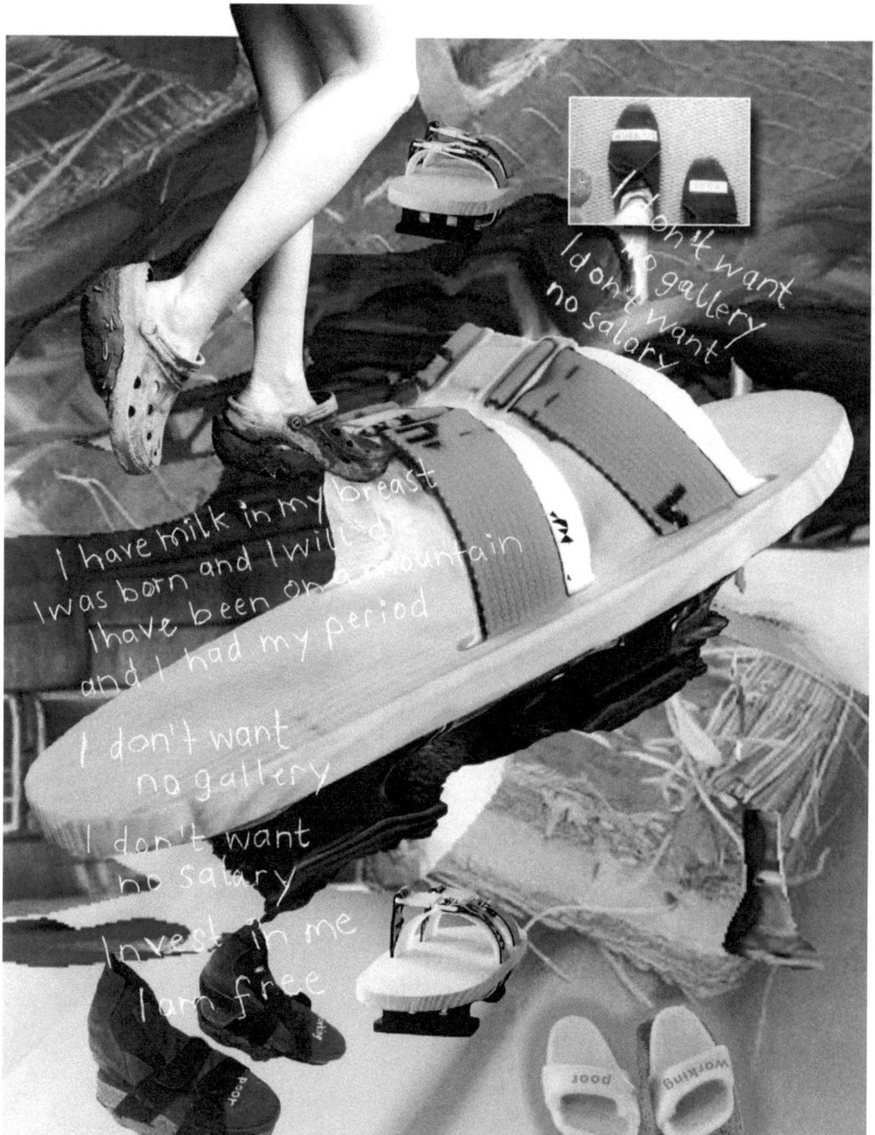

»Lehmklumpen« (2017)

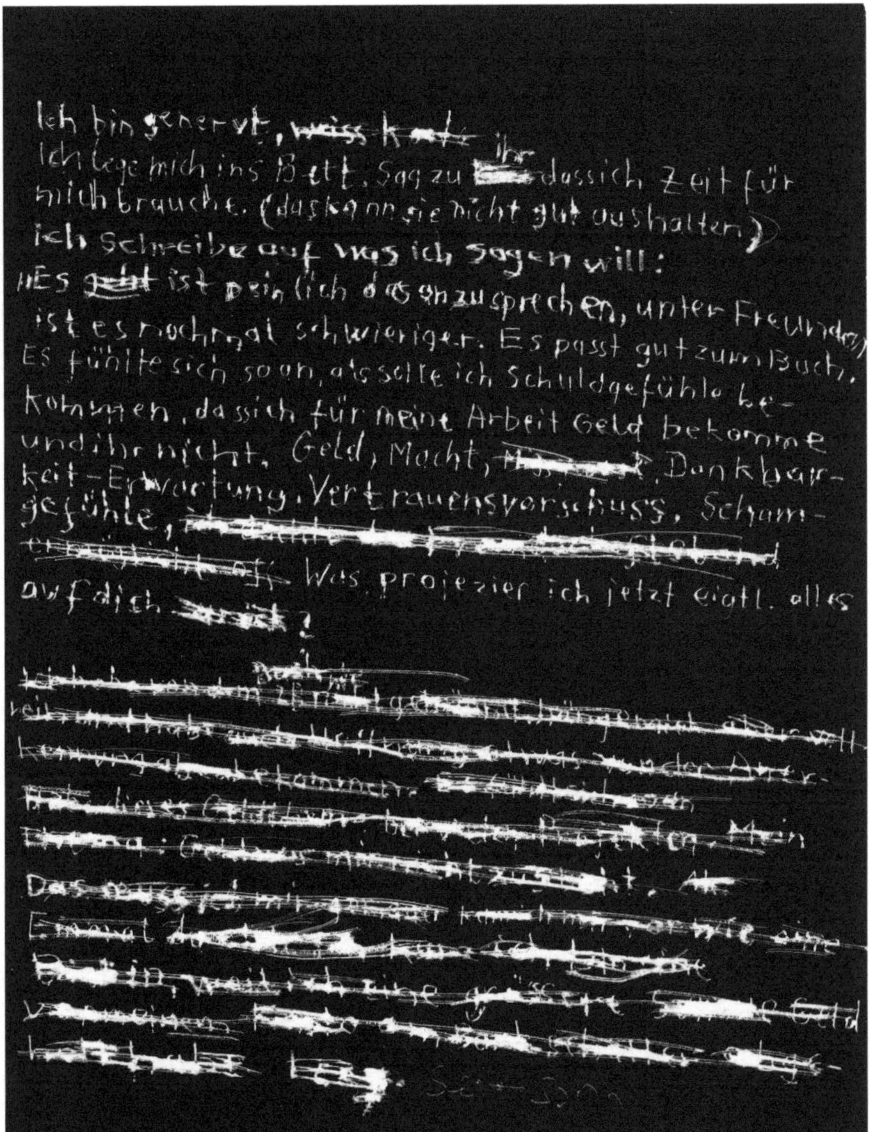
Ich bin genervt,
Ich lege mich ins Bett. Sag zu ihr dass ich Zeit für mich brauche. (das kann sie nicht gut aushalten)
Ich schreibe auf was ich sagen will:
»Es ist peinlich das anzusprechen, unter Freunden ist es nochmal schwieriger. Es passt gut zum Buch. Es fühlte sich so an, als sollte ich Schuldgefühle bekommen, dass ich für meine Arbeit Geld bekomme und ihr nicht. Geld, Macht, Dankbarkeit-Erwartung. Vertrauensvorschuss. Schamgefühle, Was projezier ich jetzt eigtl. alles auf dich?

»Ich bin genervt« (2023)

strategien

DÉSIRÉE

Oft wird einfach nur über Geld geredet, das Personal muss besser entschädigt werden. Ich glaube, das ist eine oberflächliche Debatte und dass die Figur des *Arbeiters*, wie sie heutzutage und geschichtlich konditioniert wurde, ziemlich problematisch ist. Dementsprechend wird sie sehr ausgenutzt. Zum Beispiel im Fahrbetrieb, in unserem Arbeitsgesetz wären 48 Stunden die Woche drin, und da hat nie jemand etwas geändert. Das sind die Fragen, mit denen ich mich akut, weil ich selber damit konfrontiert bin, auseinandersetze. Die Frage ist, wie kann man da vorgehen, um das zu ändern? Bei einem Streik zum Beispiel ist die öffentliche Aufmerksamkeit sehr gering und sehr kurzfristig, stattdessen bekommt man einfach Wut ab. Wir haben letztes Jahr zweimal gestreikt, aber die Menschen, die sich damit auseinandersetzen, Politiker:innen, die Unternehmensführungen, die bekommen das, was wir auf der Straße erleben, niemals mit. Du bist als Mensch in deren Funktion total irrelevant. Wie kann man das kommunizieren? Ich war damals schon an Verkehrspolitik und Verkehrswesen interessiert und hätte mit meinen Voraussetzungen an die Technische Universität gehen können und einen Studiengang machen. Aber ich habe mich für den Fahrdienst entschieden, um das auch aus dieser Perspektive zu sehen. Politische Entscheidungen zu treffen, ohne Erfahrungswerte zu haben, das funktioniert wenig. Deswegen geht diese Debatte nicht vorwärts.

EWE

Benennen. Benennen ist eine *mega* wichtige Strategie. Es gibt unterschiedliche Arten von Nichtschweigen und ich würde es in zwei Gruppen packen. Es gibt einmal dieses Nichtschweigen vor denjenigen, von denen du annimmst, die können deine Erfahrung kennen. Die müssen erst mal untereinander ihr Schweigen brechen und sich diesen Safe Space kreieren mit Leuten, die darüber reden wollen. Du brauchst diese Leute, um dann Strategien zu formulieren, wie du das eintragen kannst, wenn du in Institutionen gehst, wo du merkst, hier spielt Klasse eine Rolle. Das ist aber ein anderes Eintragen, das kann man nicht über Hilflosigkeit machen oder sagen: »Oh, fuck, in diesem Moment war ich total hilflos«, weil die sehen gleich eine Opfergeschichte drin. Die denken vielleicht, dass du, weil du darüber redest, schwach bist. Ein Speaking-up in institutionellen Kontexten ist viel schwieriger. Dafür braucht es einen Vorlauf von Leuten, die das mit dir mitformulieren und die du in deinem Kopf mitnehmen kannst in Situationen, formelleren Rahmungen, Arbeitssituationen. Du nimmst die quasi als leise Armee mit, die hinter dir steht und von der du weißt, ich bin damit nicht alleine, es ist nicht meine einzelne Erfahrung. Ich glaube, in dieser Panikattacken-Bibliotheks-Situation ging es um Isolation. Da ging es darum zu denken, dass ich damit alleine bin, es liegt an mir, es ist meine eigene *Unfitness* oder Unfähigkeit, und kein anderer hat das. Die zweite Strategie wäre, sich aus dieser *Isolation* rauszunehmen.

VERENA

Lange Zeit war meine Strategie, mit meiner Herkunft zu kokettieren. Ich fand es lustig zu sagen, ich bin Tänzerin und in einer Autowerkstatt aufgewachsen. Dann war aber auch Schluss. Es war eher ein Statement oder um zu gucken, wie die Leute reagieren. Ich wusste, das ist irgendwie witzig … Aber mir war nicht klar, welche Brisanz dahintersteckt oder Traurigkeit, oder ein Schmerz. Heute bin ich weniger kokett damit, sondern versuche, das klarer zu benennen, und es bleibt nicht bei dem einen Satz. Dann sage ich: »Ja, ich bin Tänzerin und in einer Autowerkstatt aufgewachsen, und das hat mich für mein Leben geprägt und das prägt mich heute noch und ist Teil von meiner täglichen Erfahrung, wie ich mich als Künstlerin sehe oder wie ich wahrgenommen werden möchte.« Ich glaube, eine Strategie ist, da offen drüber zu sprechen und mich zu trauen, es auch auszuführen. Eine andere Strategie, die auch Mut erfordert, ist, zu fragen, wenn ich etwas nicht verstehe. Wenn ich in einem Umfeld bin, was eher aus Akademiker:innen besteht, wenn ich da zum Beispiel ein Fremdwort nicht verstehe, dann ganz selbstverständlich nachzufragen und es nicht heimlich nachzugucken oder einfach nur zu nicken. Oft können die Leute das nicht erklären, und ich frage mich, warum dann überhaupt so eine Sprache verwendet wird. Also wenn es dadurch dann zu Ausschlüssen kommt. Eine Strategie war lange, meine Herkunft zu vertuschen. Je nachdem, in welchem Kontext ich war, habe ich gesagt: »Haha, ich bin in einer Autowerkstatt aufgewachsen.« Oder ich habe eben nichts gesagt. In der Auseinandersetzung mit Klassismus habe ich gelernt, wie wichtig es ist, über meine Erfahrungen zu sprechen und meine eigenen Beispiele zu nennen. Und genau, wie bestärkend das für andere und für mich selbst sein kann.

ANNA S.

In meinem Alltag und auch mit den meisten Zielgruppen, mit denen ich arbeite, bin ich mittlerweile an einem Punkt, dass ich ziemlich offen über solche Sachen rede. Ich habe das Gefühl, es war lange eine verdeckte Seite oder etwas Verstecktes oder etwas, was als Schwäche gelesen wurde. Aber eigentlich ist es eine totale Stärke. Jetzt fühlt es sich total gut an, darüber zu reden. Es hat aber auch viel mit meinem sozialen Netzwerk zu tun, das mir ermöglicht, offen drüber sprechen zu können, und das auch gut findet. In meinen Seminaren stelle ich mich mittlerweile immer so vor, dass ich im Osten groß geworden bin. Und ich merke, dass es dafür sorgt, dass Menschen sich mehr beteiligen, dass Leute anfangen, über Brüche oder sowas zu sprechen. Es sorgt auch dafür, dass sie ihren Klassenhinter-, -vorder-, wie auch immer, -grund nicht als Schwäche nehmen, sondern einfach das so darstellen – weil so ist es halt.

EWE

Ich will nicht dabei stehen bleiben, weil es eine *nicht* empowernde Sicht auf die Sache wäre, aber ich würde sagen, ich hatte Teil daran, Klasse unsichtbar zu machen. Ich habe es selber unsichtbar gemacht über eine Überanpassung, über ein Nichtzeigen und es möglichst nicht Ausweisen. Ich weiß noch, wo ich angefangen habe, an der Universität zu arbeiten, da habe ich Jackettchen getragen. Ich habe versucht, mich super formell zu kleiden. Dann ist es total eingebrochen, und je mehr ich in dieser Welt war und je mehr ich diese Codes gelernt habe, desto mutiger wurde ich, da auch wie *ich* hinzugehen. Heute gehe ich in meinem »Migrant:innen-Fotzen-Look« hin, weil ich einfach so aussehen und mich nicht verkleiden will. Aber ich weiß, dass ich mich total viel überangepasst habe, auch mit meinen visuellen Codes, die natürlich auch etwas mit Großstadt zu tun haben und nicht nur mit Arbeiterfrau. Ich hätte am Anfang nie den Mut gehabt, mich in meinen freaky Privatklamotten vor die Studierenden zu stellen. Warum nicht? Weil ich gedacht hätte, man würde mich nicht für voll nehmen. Wenn man das Selbstbewusstsein vielleicht gehabt hätte, weil es *gebackupt* ist, weil es eine natürliche Situation ist, wäre man da hin und hätte sich darüber keine Gedanken gemacht. Ich habe es viel über Kleidung gemacht in den Uni-Kontexten oder viel darüber nachgedacht. Am Anfang kam der Stress auch daher, eine möglichst hohe Sprache zu sprechen und möglichst nicht darin einzuknicken. Also habe ich es eigentlich selber unsichtbar gemacht. Weil ich glaube, wenn ich es nicht gemacht hätte, wäre die Angst gewesen, ich bekomme bestimmte Stellen nicht. Ich wäre auch auf ein Unverständnis gestoßen, das nicht lesen zu können. Mittlerweile bin ich mutiger darin, und mittlerweile ist es für mich auch ein politisches Kalkül so zu reden, wie ich rede. Die Scham ist weg, das ist halt das Ding. Ich schäme mich nicht dafür, ein Arbeiterkind zu sein, weil ich weiß, ich musste doppelt so viel arbeiten, um an den Punkt zu kommen, an dem ich jetzt bin. Und das ist eine krasse Errungenschaft. Weil diese Scham weg ist, kann ich das auch mehr zeigen über die Kleidung, die ich trage. Ich mache mir nicht so viele Gedanken, wenn ich nicht so formell aussehe, dass man mich vielleicht nicht ernst nimmt. Oder dass man mich nicht ernst nimmt, wenn ich so spreche, wie ich spreche. Das ist nicht mehr so stark da. Ich habe die Scham auch verloren über aktivistische Kreise, über Theorien, postmigrantische Theorien oder Theorien, die sich mit Klasse auseinandersetzen, die ich gelesen habe. Vor allem aber über Zirkel, die das aufgewertet haben. Das ist wichtig. Ich glaube, ich hätte das aus mir alleine nicht gemacht. Ich bin in Zirkel gekommen, die das gewürdigt haben. Das hat zu diesem neuen Umgang mit meiner eigenen Klasse geführt.

ANNA S.

Wenn früher im Studium Scherze kamen, habe ich mitgelacht. Es ist besser mitzulachen, als sich zu schämen. Im Grunde war dieses Lachen aber nur ein Verdecken von Scham. Jenseits davon, den Dialekt abzutrainieren, habe ich angefangen, mir eine bürokratische und akademische Sprache anzueignen. Das kann ich auch ziemlich gut. Ich kann gut in eine andere Rolle gehen, das habe ich gelernt. Ich weiß nicht, ob es eher jugendliche Rebellion war, aber früher habe ich auch super viel gerülpst. Das habe ich mir auch total abgewöhnt, weil das nicht so gut ankommt. Oder auch darüber zu reden, dass meine Familienmitglieder in der Fabrik arbeiten, in Schichten arbeiten, das waren alles nicht so Storys, die da im Umlauf waren. Man hat sich eigentlich eher Erfolgsstorys erzählt, und ich bin in einem sehr linken Milieu unterwegs gewesen. Selbst da war nicht richtig viel Platz, würde ich sagen, für andere Geschichten.

MALU

Deswegen denk ich manchmal, es wäre auch spannend, ein bisschen mehr »rumzuprollen« sprachlich.

MAJA

Ja. Ich denke viel drüber nach, wo man Widerständigkeiten leben sollte oder wo ich sie lebe und wo ich sie nicht lebe. Ich habe das lange Zeit einfach überall gemacht, auch unterbewusst. Ich habe mich so angezogen, wie ich mich anziehen wollte, und hab mich laut und funny gegeben. Dann habe ich aber gecheckt, es gibt Kontexte, wo das einfach *nicht* gewollt ist. Oder auch Begriffe, die man benutzt, die Art und Weise, wie man spricht, dass das nicht überall akzeptiert ist. Früher hatte ich bei Bewerbungsgesprächen trotzdem keinen Bock anzukommen, als würde ich in einem Büro arbeiten. Dann habe ich immer wieder die Erfahrung gemacht, ich habe diese Qualifizierung und ich bin eine Expert:in in diesem Themenfeld und die nehmen mich trotzdem nicht. Im Nachhinein weiß ich natürlich, dass es mit solchen Dingen zu tun hatte. Jetzt merke ich, dass ich dieses Code-Switching strategischer nutzen muss. Wenn ich weiß, es geht hier um ein Stipendium, was mich sechs Jahre lang finanziert, dann muss ich diese 15 Minuten performen. Wenn es klappt, dann kann ich das wiederum nutzen, um dieses Geld umzuverteilen oder Initiativen zu supporten. Ich kann jetzt mehr beobachten, dass ich das strategisch anwende. Da ist aber auch so ein Gefühl von »*I pay a price for that*«. Ich habe das Gefühl, ich fake es, das ist natürlich eh klar, aber auch, ich hintergehe mich selbst. Wenn ich das in einen größeren Kontext einordne, kann ich sehen, da zahle ich diesen Preis und hintergehe mich selbst, aber ich habe selbst einen großen Nutzen, und ich kann weiter zur Umverteilung beitragen. Das war lange etwas, das ich nicht richtig verstehen und auch nicht richtig einordnen konnte. Jetzt merke ich aber *the power of the habitus*, also diese Macht von dem Habitus, den man übernimmt oder nicht übernimmt. Diese Macht ist viel stärker als das, was überhaupt gesagt wird. Die Performanz meiner verkörperten Klasse ist viel extremer und viel ausschlaggebender, zum Beispiel in einem Auswahlseminar, als die Inhalte, die ich vermittle. Natürlich schauen die sich an, welche Begriffe ich benutze, aber es geht nicht um den Inhalt. Ich war mal in einem Auswahlseminar und habe mit der auswählenden Person richtig krass diskutiert. Dann habe ich bei anderen aber gehört, dass sie darüber gesprochen haben, was sie gern in ihrer Freizeit machen. Die konnten über Wandern und Bücherlesen miteinander bonden. Ich hatte diesen Moment nicht. Ich konnte *nicht* darüber reden, wie gerne ich in den Alpen wandere, weil das nicht Teil von meinem Habitus und von meinem Leben ist. Das fand ich voll spannend, dass ein Auswahlseminar ganz anders verlaufen kann, basierend darauf, wie man eine soziale Nähe mit dem Interviewenden herstellen kann. Zu sehen, wie weit meine soziale Distanz von dieser Person dazu geführt hat, dass wir krass über Einstellungsquoten diskutiert haben. Ich glaube, er hat einfach gecheckt, dass er nicht mit mir denselben Erfahrungsraum aufstellen kann, um darüber zu sprechen, wie gerne wir wandern gehen. Das war so bezeichnend. Als wir alle ausgewählt wurden, habe ich das angesprochen, weil eine andere auch erzählte, dass sie mit dem über Wandern geredet hat. Ich dachte echt: »Hä, die konnten alle mit dem über Wandern reden?« Und das war für mich ein richtiger Schlag in die Fresse. Dann habe ich das direkt angesprochen. Ich war so: »Hä, voll interessant, dass ihr diese Erfahrung gemacht habt und ich eine ganz andere Erfahrung gemacht habe, weil ich nicht mit meinen Klassenprivilegien mit ihm bonden konnte.« Der Auswählende war eine Person, die sehr *prestigious* war. Das war so absurd und hat mich wieder auf den Boden der Tatsachen zurückgebracht, weil ich aus meiner sensibilisierten Bubble rausgegangen bin. Es gibt diesen Spruch, »Der Aufsteiger:in sieht man die

Kletterei an«, dass man sozusagen sieht, dass wir »aufgestiegen« sind, an der Art und Weise, wie wir uns geben. Das habe ich da richtig gecheckt wieder. Diese tausenden Situationen, wo man es wieder checkt. Das hat mich richtig wütend gemacht, weil es so fern von dieser Idee ist, »Alle haben die gleichen Chancen« oder »Alle werden gleichbehandelt«.

DÉSIRÉE

Bei mir ist das nicht so subtil. Du wirst halt anhand von dem, was du tust oder auch in meinem Falle sehr offensichtlich tust, bewertet. Wenn ich zur Arbeit gehe, weiß jeder, was ich tue. Ich bin Busfahrerin. Wie soll ich das beschreiben? Dadurch, dass du dieses Bild nach außen produzierst, wird es direkt auf dich zurückgespiegelt in den Reaktionen, wie Menschen mit dir umgehen. Wenn ich in meiner Arbeitskleidung in die U-Bahn steige, haben alle direkt Angst, ich könnte sie kontrollieren. Da bist du direkt auf das zurückgeworfen, was du tust. Wenn ich in meinen Privatkleidern in die U-Bahn steige, nehmen mich die meisten Menschen überhaupt nicht wahr. Aber dieser Spiegel, dass sobald ich mich im öffentlichen Raum bewege, bin ich die Arbeiterin. Das ist das, was die Menschen mir zurückspiegeln. Du wirst auch nur auf das reduziert. Manchmal noch: »Aber sie ist eine Frau und kein älterer *weißer* Herr.« Ich finde es sehr interessant. Manchmal ist es anstrengend, dass man nur als diese Person wahrgenommen wird. Manchmal ist es aber auch hilfreich, sich einfach in der Gesellschaft zu positionieren. Man wird eh darauf reduziert, und das macht gewisse Situationen einfacher. Man muss niemandem sagen, was man tut, jeder sieht es. Es hat immer diese beiden Seiten. Letztens wollte ich irgendwo hingehen, und dann hält einfach ein Fahrzeug an und der Fahrer sagt: »Kann ich dich mitnehmen?« Ich kann in jeden Betriebsfahrtenbus einsteigen, weil die Kollegen mich kennen. Die nehmen mich mit und fahren einen kleinen Umweg zum Hof. Das ist super interessant, dass man durch diese Positionierung auch anfängt, sich anders in der Stadt zu bewegen, weil man in Anführungszeichen auch ein Privileg hat. Das ist manchmal uncool, wenn alle anderen Fahrzeuge übelst verspätet sind und ein Fahrzeug hält an, nimmt aber nur mich mit, dann trifft das auf sehr großes Unverständnis bei den anderen Fahrgästen.

JULIA

Eine Zeitlang habe ich immer, wenn ich gemerkt habe, da ist eine Wissenslücke oder ich weiß nicht, wie man sich hier verhält, versucht so zu tun, als wäre ich unsichtbar. Das ist keine gute Strategie, aber ich habe versucht, es einfach auszusitzen. Es hat mir aber auch nicht richtig gefallen. Ich glaube, irgendwann hatte ich den Gedanken, dass wenn ich so weitermache und für mich unangenehme Situationen aussitze oder nichts sage, obwohl ich merke, hier ist ein Ungleichgewicht, auch in einem freundschaftlichen Kontext oder dem Umfeld, in dem ich agiere, dann bleibt da diese Leerstelle. Da wird sich dann nichts ändern. Ich habe dann angefangen, das einfach anzusprechen oder zu sagen: »Okay, cooles Zitat, wer hat das gesagt? Wer ist das, kannst du mir den Kontext dazu geben?« Das fällt mir auch immer noch ein bisschen schwer, aber ich frage dann einfach immer direkt nach. Da gab es auch schon gute Momente, wo mehrere in der Runde gesagt haben: »Ah, cool, dass du es gefragt hast, ich wusste das jetzt auch nicht, ich bin komplett davon ausgegangen, alle wussten das hier in der Runde und das war mir jetzt auch so unangenehm.« Letztens bei einer Tagung im Theaterkontext haben sich alle erzählt, wie sie in die Kunst gekommen sind. Dann sagt eine, die aus einem Ärztekontext kommt, sie war ja schon das Enfant terrible, weil sie Ethnologie studiert hat und nicht Biologie oder Medizin. Sie war deswegen eine Außenseiterin, weil alle anderen in der Familie eher einen sehr gut situierten Beruf hatten. Da habe ich dann gemerkt, okay, mir ist es jetzt politisch wichtig, zu zeigen, dass es in dieser Runde auch etwas anderes gibt. Es gibt noch eine andere Realität. Dann dachte ich, okay, ich muss hier nicht ganz emotional meine ganze Familiengeschichte auspacken. Aber ich muss irgendwie sagen: »Ja, klingt wirklich nach einer krassen Geschichte, tut mir sehr leid, dass dein Opa eine Woche lang nicht mit dir geredet hat, weil du sowas Krasses wie Kulturwissenschaften studierst, womit man kein Geld verdient. Bei mir war es überhaupt ein Wunder, dass ich studiere.« Ich glaube, mittlerweile ist das eher meine Strategie.

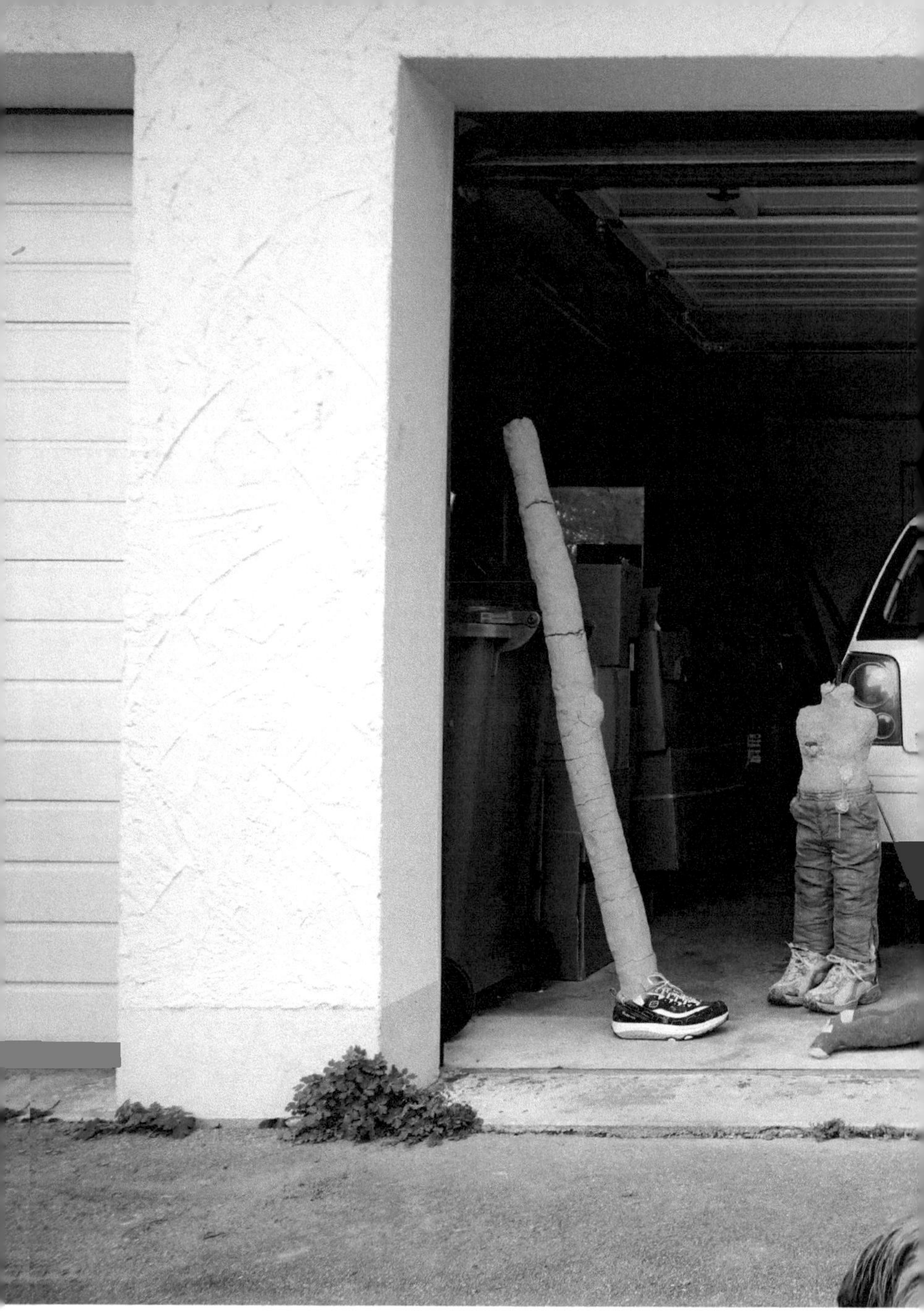

»Moser 14« (2024)

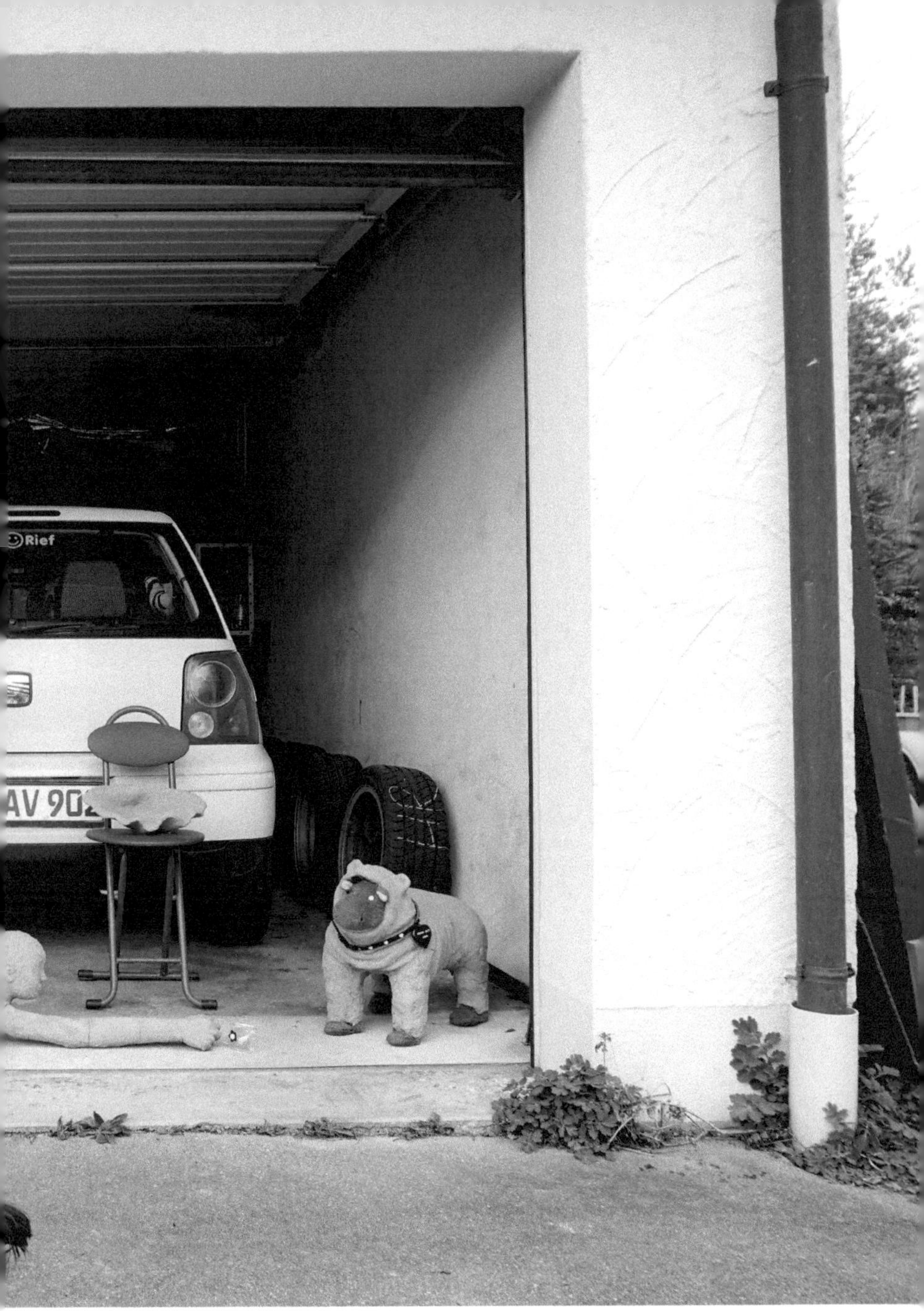
Rief
AV 90

epilog

ANNA N.

So, I think it's really a matter of how we navigate these structures and the more people become aware that we create them, and they are not something which is carved in stone, the more we can change them. This is how I also continue thinking on this question of working class ethics, like growing up in a working class community. I think this question of ethics is really the one: what kind of ethics is there when coming from different social contexts? I feel there is a kind of ethics of coming from the working class, the ethic of sharing and helping also because you cannot survive alone. When I came to Germany there were very different phases. I could also look critically at myself because there was a phase when I really felt very, very poor. I think I acted from a place of scarcity, not being generous enough, because I was afraid that I do not have enough and it will not last. I have to admit it to myself and say it out loud. And it is so counter to where I come from. From being small, I was taught that when coming as a guest, one always brings something. If you come and I cook dinner, I offer dinner to you, which has not always been the case in Berlin. Meeting people from different western societies, I learnt different attitudes. So there was also a moment when I stopped bringing presents every time I visit someone, until I asked myself: »Okay, how do I want to live?« And I do want to live in a place that cultivates generosity. So when you come over, I invite you to have a tea with me. I offer you a snack and feed you if you're hungry. This is an attitude I have often met when travelling through rural areas, both in Poland and abroad. When I visit my neighbours from the village where I used to live in Slovenia, Danica says: »I cooked.« She puts out three types of cakes that she has just made and offers me a coffee or a lemonade. It has nothing to do with having money, but nourishing a particular way of relating to one another. I sometimes wonder how much it has to do with the working class milieu or how much it has to do with the »eastern way«, with the Eastern bloc, Balkan, Ex-Yugoslavia, Ex-Soviet republics. And yet, having said that, in all the years of my hitchhiking, there was only one wealthier person who stopped and gave me a ride. Otherwise, these were crap cars filled with cigarette smoke, and exciting conversations in unknown languages.

CEYDA

Mein Opa, bevor er nach Deutschland gekommen ist, hat gemeinsam mit meiner Oma und seinen Eltern, meinem Vater und noch zwei weiteren Kindern, also mit drei Kindern, im Dorf gewohnt. Er hat viel auf den Feldern gearbeitet und hatte Kamele. Dann hat er radikal damit gebrochen. Ich glaube, der war auch auf einem »Selbstfindungstrip«. Es hat nicht an Geld gefehlt, der wollte einfach etwas anderes erleben und hat vom Hörensagen mitgekriegt, man kann da für ein paar Monate oder für ein paar Jahre in Deutschland arbeiten, voll die Kohle machen, und sich dann noch ein Stück Land kaufen in der Türkei oder eben die Familie versorgen. Und davon hat er sich verleiten lassen. Er ist sogar mit einem *Mercedes* nach Deutschland gekommen. Das waren vier, fünf Freunde, die sind in einen Mercedes eingestiegen und sind damit in München gelandet. Dann ging es von München aus weiter, sie wurden aufgeteilt und er ist im Ruhrgebiet gelandet, in Gütersloh. Immer wenn ich heute von Berlin nach Bochum oder Gelsenkirchen fahre, hält der Zug auch in Gütersloh. Dann habe ich immer so ein heimeliges Gefühl, in Gütersloh. Auf jeden Fall, er landet in Deutschland und ist erst mal in einer Wohngruppe mit lauter anderen Männern, mit migrantischen Männern. Da setzt er sich auch zum ersten Mal mit Reproduktionsarbeit auseinander wie Kochen, Waschen und so weiter. Das schreibt er auch in seinem Tagebuch, dass er heute wieder *Fasulye* gemacht hat, einen Bohneneintopf, und seine Freunde eingeladen hat und sie sich jetzt ein Festmahl gönnen. Das sind für mich auch Formen des Widerstands oder Formen der Solidarität. Es geht nicht nur um Arbeit, sondern auch darum, sich hier ein schönes Leben zu machen – unter den Gegebenheiten, die gerade eben da waren. Es war schrecklich, dieses Wohnheim. Die waren zu viert oder fünft in einem Zimmer. Aber sie haben das sauber gemacht, geputzt, Wäsche gewaschen, sich voll organisiert und sind dann auch zusammen auf Wohnungssuche gegangen und haben sich eine Wohnung geholt. Und das ist *auch* eine Form von Widerstand, sich das Recht auf Wohnen anzueignen, nicht in einem Heim, sondern in einer Wohnung, mit drei Zimmern meinetwegen, mit Küche und Bad. Oder das mit der Arbeit boykottieren, nicht hingehen, oder einem Freund, der gerade bedürftig ist, Geld leihen und so weiter. Solche Praktiken stehen in diesem Tagebuch. Die hat er bestimmt nicht bewusst als Widerstandspraktiken beschrieben, sondern ich habe sie so gelesen. Ich fand es schön, diese Stellen zu entdecken.

MAJA

Ich habe das Gefühl, diese kapitalistische Leistungsgesellschaft, die ich dann verstanden habe, hat mit den Werten gebrochen, die ich durch meine Familie vermittelt bekommen habe. Da gab es so einen Community-Gedanken, der damit bricht, was mir im Laufe des Lebens beigebracht wurde. Es wurde eher sowas Einzelkämpferisches ermutigt, dass man alleine was macht und dass man selbst etwas schaffen soll, dass man sich bloß anstrengen muss. Das hat mit dem gebrochen, was ich während des Aufwachsens erlebt habe. Es war mehr Community-orientiert, als ich das an der Universität oder an der Schule beobachtet habe. Das ist vielleicht aus einer gesellschaftlichen Marginalisierung heraus entstanden, weil Leute gemerkt haben: »Ey, wir werden alle kollektiv diskriminiert oder ausgegrenzt, marginalisiert, deswegen ist es am smartesten, wenn wir diesen Zusammenhalt stärken und den nicht weiter aufbrechen lassen, weil wir dann noch weniger Chancen bekommen in dieser Gesellschaft.« Es gibt eine Geschichte, die ich richtig krass fand und die auch diese Intersektion von Klassismus und Rassismus für mich deutlich macht: Da war eine befreundete Person von meinen Eltern, er hatte einen Unfall und hat sich die Hand aufgeschnitten und richtig viel Blut verloren. Die Person hatte aber keine Aufenthaltsgenehmigung, keine Krankenversicherung, gar nichts hier in Deutschland und keine Arbeit. Dann hat mein Vater einfach seine Identität an diese Person abgegeben. Er war dann als mein Vater im Krankenhaus und hat von den Privilegien profitieren können, die mein Vater hatte, die jetzt auch nicht riesig waren. Das war etwas, was ich erst im späteren Verlauf gecheckt habe. Ich war in diesem

Moment nicht als Sechsjährige dabei und habe verstanden, was passiert ist. Aber im Nachhinein haben meine Eltern mir das erzählt. Das war eine Situation, an die ich gerne zurückdenke, weil sie bezeichnend ist für eine solidarische und irgendwie auch existenziell supportende *Allyship*.

JULIA

Ich habe unsere Familie auch als sehr unterstützend erlebt. Nachdem sich meine Eltern getrennt hatten, sind mein Bruder, meine Mutter und ich zu unseren Großeltern nach Ahlen gezogen. Das war die Zeit, wo meine Mutter die Ausbildung zur Altenpflegerin gemacht hat. Es war immer ein Thema, dass wir total abhängig sind von ihren Eltern, also von unseren Großeltern, was etwa Kinderbetreuung angeht. Die haben auch meiner Mutter geholfen, eine Wohnung zu finden und diese Ausbildung. Es war ein sehr enges und unterstützendes Zusammenspiel. Ich erinnere mich, dass ich in der Grundschule nicht viel von meiner Mutter hatte. Sie hat einfach sehr viel für ihre Ausbildung gelernt, musste dafür auch zur Abendschule, damit ihr Schulabschluss hier anerkannt wird. Ich erinnere mich auch, dass sie einen Deutschkurs besuchen musste und mir das manchmal gezeigt hat. Auf jeden Fall musste sie unfassbar viel lernen. Ich hab ganz klare Bilder, wie sie völlig erschöpft auf dem Sofa sitzt und einfach froh ist, wenn wir sie in Ruhe lassen. Das haben mein Bruder und ich auch immer gemacht. Ich weiß auch, dass meine Oma stattdessen mit uns gespielt hat und dass meine Oma mir Radschlag im Wohnzimmer beigebracht hat. Ich glaube, unterbewusst war mir klar, ich mach da mit und unterstütze das, indem ich auf meine Mutter verzichte und sie nicht mit meinem Alltag behellige, weil, »Es geht um eine größere Sache, nämlich Geld reinschaffen«. Ich glaube auch, dass meine Oma mir das immer so erklärt hat. Vielleicht rede ich es mir auch schön, aber ich hatte das Gefühl, ich wusste: Okay, das gehört jetzt dazu und das ist mein Teil, wie ich dazu beitragen kann, dass wir jetzt eine kleinere Familie geworden sind.

CEYDA

Also ich bin aufgewachsen in einer Wohnsiedlung, wo sehr viele migrantische Familien waren. Das war voll der Empowerment-Ort für mich. Es ging vielen Familien in unserem Block ähnlich wie meiner Familie. Die Eltern waren Arbeiter:innen, und die Kinder haben sich immer draußen getroffen zum Spielen. Da gab es nicht viele, die einer anderen Klasse angehört haben. Doch, und zwar neben der Wohnsiedlung gab es eine Reihenhaussiedlung. Die konnten wir von unserem Balkon aus sehen. Wir hatten oft Momente auf dem Balkon, wo wir uns diese Reihenhaussiedlung angeguckt haben und wo mein Vater gesagt hat: »Ach, es wäre so schön, wenn wir eines Tages mal auf der anderen Seite wohnen könnten«, oder mein Bruder hat sowas erzählt wie: »Wenn ich dann ein eigenes Zimmer hätte, dann hätte ich das so und so gestaltet und ich hätte auf jeden Fall im Keller gewohnt und *du* im Dachgeschoss, ich hätte mir da eine Werkstatt eingerichtet.« Wir haben viele träumende Momente verbracht auf diesem Balkon, was wir heute immer noch machen. Meine Eltern leben immer noch da, und wenn wir spazieren gehen an diesen Reihenhäusern, dann ertappe ich mich, wie ich sage: »Diesen Vorgarten hätte ich nicht so gemacht, den hätte ich anders gemacht«, oder mein Bruder sagt: »Ja, dieses Haus gefällt mir nicht, aber das andere würde ich auf jeden Fall nehmen.« Es sind diese Spielchen, die man aus der Kindheit mitnimmt in das Erwachsenenalter. Das waren die ersten Momente von Klasse. Dieses Verstehen: Okay, wir leben anders, wir leben ziemlich eng, und das hat was damit zu tun, dass wir nicht so viel Geld haben. Aber wir sind trotzdem glücklich und gönnen uns jedes Jahr einen Urlaub. Das passt eigentlich schon.

VERENA

Meine Mutter fährt auch zwischendurch in den Urlaub und gönnt sich was, aber da ist trotzdem immer ein gefühlter Zügel im Hintergrund. Es kostet sehr viel Kraft, dagegen anzugehen, es ist so ein beharrliches: »Ich *gönne* mir was, ich *gönne* mir das.« Es hat auch etwas Kämpferisches, so ein »Das erlaube ich mir, das darf ich *auch*!« Und gleichzeitig an einem gehaltenen Zügel: »Aber nicht so doll. Danach muss ich wieder mehr arbeiten, ich muss das alles wieder reinschaffen und doppelt gucken.« Da entsteht eine Spannung. Ich bin ja Tänzerin und beschäftige mich viel mit dem Körper und sehe den Einfluss auf Muskeln, die Haltung oder die Art, wie Körper sich bewegen. Ich habe schon mehrmals über den Moment der Entspannung gesprochen, wie wichtig das eigentlich ist und wie vielen es in unserer neoliberalen Gesellschaft schwerfällt, loszulassen, einfach da zu sein, dass es okay ist, wie du bist, einfach weil du da bist. Und dass es nicht darum geht, was du arbeitest oder was du leistest oder wie viel Geld du hast oder in welcher Position du dich in irgendeiner Hierarchie befindest.

ANNA S.

Ich fand es früher immer lustig, wenn ich mit meiner Familie in den Urlaub gefahren bin. Dann sind wir bis nach Italien gefahren und haben in Venedig – jetzt fahren die Fähren in Ancona – die Fähre nach Griechenland genommen, also nach Korfu. Kaum sind wir auf dieser Fähre angekommen, wir haben da an Deck geschlafen, da haben meine Mutti und meine Tante angefangen, kistenweise das Picknick auszupacken. Die hatten wirklich alles Mögliche dabei. Wir haben da nie in diesen Restaurants gegessen oder auch nie uns irgendwas gekauft. Wir hatten alles dabei und haben das wirklich ausgepackt. Dann gab es diese Riesentafel auf diesem Schiff. Das fällt mir auf jeden Fall ein. Das fand ich lustig und schön. Das ist auch etwas, woran ich mich gerne erinnere und weshalb ich denke, ich würde gerne wieder mit denen in den Urlaub fahren.

Visuelle Einschreibungen »Geritztes« von Selina Lampe

Ich stehe in einer Kapelle in Sacro Monte d'Orta / Norditalien. Es ist kühl und feucht und riecht nach Kalk und Mineralfarbe. Durch einen niedrigen Zutritt scheint das Tageslicht auf Fresken, die vom Leben des hl. Franziskus erzählen.

Ein Motiv zeigt den knienden Franziskus, der ergriffen nach oben schaut, seine linke Hand nach Halt suchend, während seine rechte den Empfang einer heiligen Nachricht andeutet: Die Ordensregel wird ihm durch Christus diktiert. Durch einen Ausblick am oberen Bildrand wird eine dystopische Welt, eine Außenwelt im Chaos dargestellt. Am unteren Bildrand aber löst sich das Bild auf in Schriftzüge, Zeichen, Jahreszahlen. Sie wurden direkt in den Putz der Fresken geritzt, manchmal große Furchen, auch bedachte Einschreibungen. Ich trete näher heran und versuche, sie zu entziffern:

No *<3*

Ciao

Leucerita Tomino.

Tur turro.

Und wie Franziskus da so demütig und folgsam die Gesetze empfängt und die religiösen Motive den Leuten signalisieren, gehörig zu sein, erscheinen mir die eingeritzten Wörter und Zeichen als eine direkte Antwort.

Camille '98

Patrizia

Rosa

*D' a_*

Es gibt Wörter, die nicht zu Ende geschrieben wurden. Teilweise steht da nur ein Buchstabe, einige wurden durchgestrichen. Am unteren Rand sind die Buchstaben riesig, bis zu zwanzig Zentimeter hoch. In der Mitte gibt es auch Zeichen, die wie ausradiert aussehen, wie mit Fingern drübergewischt. Ich frage mich, welcher Schriftzug der erste war.

II ILIL

29.04.1978

anno XX

23/7/93

Ich bekomme eine Ahnung, dass alle diese Zeichen Hinweise sind, als ob sich hier eine Wahrheit zeigen könnte, wenn ich nur genau genug hinschaue. Ich betrachte diese Zeichen als fragmentierten Ausdruck eines Klassenbewusstseins und beginne, in meinen eigenen Erinnerungen zu suchen.

Ich kenne das Gefühl, dass die Kunst nur für die »Anderen« da ist. Ich lese die Zeichen als einen Angriff auf die symbolische Macht des Kunstwerks. Die Namen, Zeichen und Liebesschwüre verbinden sich zu einer Geschichte. Ich beginne, mir die Leute vorzustellen.

Por Elisa

<3 *l———*

Andre Ott 2002

Antonella

Antonella steht schon eine Weile vor den Fresken und betrachtet die Gesten, die verkrampften Darstellungen der Gliedmaßen, die ihr von einer Ohnmacht gegenüber den Verhältnissen erzählen. Sie kratzt das *A* und das *N*. Sie greift nach dem dickeren Schlüssel *T O N E L L A*

Notizen & Brüche

Einige der Fotos in diesem Buch stammen aus der Kindheit und den Teens in den 1990er- und 2000er-Jahren. Beim Übergang vom Kind zum erwachsenen Menschen erfuhren wir mit einer unerwarteten Selbstverständlichkeit von unserem Platz in der Gesellschaft.

Die Fotos sind einfach zu lesen – eine abgeschlossene Welt. Erst jetzt, die Vergangenheit aus der Gegenwart betrachtend, sehe ich die Hinweise auf Klasse. Die Fragmente sind in meinem Kopf oder auf Zetteln. Kurze, plötzlich endende Notizen meiner Großmutter, Posen wie die Parodie von etwas, Botschaften, die uns kleideten:

Mit mir wirst du es gut haben, ich finde das Geld auf der Strasse

Mount-en Bike-es zu gewinnen – Gut Drauf Fitness Karte – 90 DM für Mitglied-Bewerber

Wieder diese Ahnung, dass sich in diesen Hinweisen eine Wahrheit zeigen könnte. Also beginne ich, Teile zusammenzufügen.

Auf zwei Schwarz-Weiß-Fotografien posiert meine Großmutter mit meinem Großvater vor zwei unterschiedlichen Gebäuden. Ein öffentlicher, moderner Bau aus den 1970er-Jahren und das Mietshaus, wo sie im vierten Stock wohnten. Die Posen fallen mir auf, die festgehaltene Anstrengung, sich zu repräsentieren, Merkmale einer Frau von Welt, und dann die Brüchigkeit –

Balkon wäre schön, Altbau angenehm

O sole mio

auch in ihren Erzählungen. Die vielen Notizen, der Drang, sich zu äußern, anzueignen –

Je m'apelle Hilde

Montserrat Caballe Sängerin v. Spanien
hier gastiert in der Philharmonie
gesungen Beethoven-Mozart

Kalaschni-kow = ein verkürztes Gewehr

Irgendwo zwischen einer Selbstbehauptungs-Pose und der Teenie-Verletzbarkeit ist es die Suche nach dem Trotz und den Träumen, die unser Treibstoff sind.

Abbildungen

»Frührente« (1988/2024), S. 56/57
Meine Mutter und ich sitzen vorne, meine Großeltern sitzen hinten. Wahrscheinlich sind wir in Spanien, wohin sie sich nach Opas Frührente vertschüsst haben, um sich ihr *paraíso* aufzubauen. In das Bild habe ich eine große Welle gezeichnet, die ihre gesundheitlichen Sorgen und ihre vergangenen Leben in beiden Deutschlands wegspült.

»Parodie« (1996/2023), S. 58/59
Das Foto ist von 1996, ich bin neun Jahre alt und als Zeitungsleserin verkleidet worden. Ich halte *Der Westallgäuer* in der Hand. Wir sind gerade von Berlin nach Süddeutschland umgezogen und kommen erst einmal bei meiner Tante unter, bis wir eine Wohnung gefunden haben. Es sollte eine behütete Umgebung in einem Dorf werden. Bald besuchte ich eine neue Schule. Ich tauche ein, merkwürdig langsam.

»Paradigmenwechsel« (1999/2024), S. 67
Es ist Ende September 1999. Die Jahrtausendwende steht bevor. Für manche ist Millennium die größte Party der Welt, in meiner Familie beginnt da das Wassermann-Zeitalter, ein Paradigmenwechsel. Das Foto hat meine Cousine Sunny gemacht. Wir waren damals wie Schwestern, verbrachten die Ferien zusammen. »Ihr wart doch

mal unzertrennlich!«, höre ich heute noch und darin den Vorwurf, mich entfremdet zu haben, abgehoben zu sein.

»Monster« (2001/2023), S. 68/69
Während einer Klassenreise hat mich meine Klassenkameradin Hülya vor einem Hugo-Boss-Store fotografiert. Die schöne Welt der Models, sie trugen immer coole Sonnenbrillen. Ich wollte daran teilnehmen – befragend, erkennend, teilnahmslos stehe ich da. Die Figur einer Wasserfrau und ihr Seemonster sind auf die Ladenfassade geritzt. Meine Identität war noch verwurzelt in spirituellen Erzählungen und mystischen Figuren, der geistigen Selbstbestimmung meiner Mutter. Es hat sich gut angefühlt, meinem Vergangenheits-Ich diese Wesen zur Seite zu stellen.

»Mit Aussicht auf Erfolg« (2011/2024), S. 70/71
Das Foto ist von 2011, es wurde einen Tag nach meinem Bachelor-Abschluss in Grafikdesign gemacht. »Hier habe ich studiert. Es war gemütlich und fremd. Weiss nicht warum«, habe ich damals mit Edding auf das Foto geschrieben.

Das Studium war – einer dauernden Erfüllung verpflichtet – das merkwürdige Gefühl, wie Erfolge durch die Hände rinnen und ich sie nicht festhalte. Dass Erinnerungen, Aufzeichnungen und Fotos wichtig sind, um Spuren zu hinterlassen.

»Tiefkühltruhen« (2007/2024), S. 80/81
Eintöpfe für mehrere Tage, Gemüsepfannen, Hering in Tomatensoße, Brot mit Butter und Kabapulver, *Gehacktes Klöße* mit einem gekochten Ei in der Mitte, »keine Wurst, hin und wieder Fisch, wie beim Vollkorn-Kochkurs damals«, der Ruf »Essen steht auf dem Herd!«, meistens einfach schwäbische Seelen mit Bio-Shiitake-Aufstrich, Paella von Opa Heinz – die Truhe ist der Eingang zu Lampes Unterwelten.

»Arbeiterinhose« (2017/2023), S. 98/99
»[…] als ich ihre Ausstellung betrat. Lodernde Flammen. Feuergefährlich. Rote Säulen des Parthenons. Drachentöterin. Todbereit. Uterus. Fleisch. Blut. Hitze. Brennende Autos. Dakinis, Khadomas,

Walkyren. Zweifel. Wahrheit. Abgrund zur Hölle. ›Sie arbeitet!‹, war der Gedanke der mir kam.«

»Odradek« (2015/2024), S. 100/101
Das Marktgestell *Odradek* war meine erste größere Skulptur, die ich im Kunststudium gemacht habe. Der Name kommt von einem widersprüchlichen und unverständlichen Wesen in Kafkas Text *Die Sorge des Hausvaters*, welches dem Hausvater in der Geschichte immer wieder als eine Art Symbiose zwischen menschlichen und dinghaften Eigenschaften erscheint, eine kaum einzuordnende Figur. In die Fächer des Gestells passen Obst- oder Gemüsekisten. Ich war so richtig stolz, als sie zur Jahresausstellung neben den anderen Arbeiten stand. Ein Zusammenhang fiel mir dann erst jetzt ein: Als Jugendliche hab ich auf dem Markt Obst und Gemüse verkauft und auf dem Feld bei der Ernte geholfen. Eine andere Notiz damals lautet: »Marktgestelle als Grundelement unserer Ökonomie.« Meiner Ökonomie. Dahinter stehend, drüber greifend, sie auf- und abbauend, habe ich mein erstes Geld verdient.

»Lehmklumpen« (2017), S. 116
Ich erinnere mich an meine Ferienjobs nach der Realschule bei Rose Plastic und später in der ZF Zahnradfabrik: Nur das Gehen morgens aus dem Haus und nachmittags weg von der Arbeit gab mir das Gefühl von Freisein. Dann folge ich wieder den Bodenmarkierungen und denke, *Gehen* ist unbezahlte Arbeit, zur Arbeit und weg von der Arbeit. Auf dicken Lehmklumpen laufen – nach dem Regen, wenn der ganze Acker an den Sohlen haftet. Der Lehmklumpen verformt sich, und die Bewegungen des Körpers verändern sich auch.

»Ich bin genervt« (2023), S. 117
»Es ist peinlich das anzusprechen. Unter Freunden noch mehr [...]«

»Moser 14« (2024), S. 128/129, 161, 162/163, 164
Die Gruppe *Moser 14* besteht aus mehreren Figuren. Die Mischwesen aus Körperformen und Erinnerungsstücken entspringen einer biografischen Suche in den Fragmenten von Familie. An den

Körpern aus Lehm, Kleidungsstücken und Objekten hängen gehortete Accessoires und Dinge, die sich in dem Haus meiner Mutter ansammeln. Die Gestelle machen das Ungleichgewicht sichtbar, die die Figuren in ihrer Pose halten. Es entstehen Risse und Brüche im Lehm. Die Figuren nehmen Bezug zu meiner Familie in der Gegenwart.

Da krabbelt ein Baby mit dem ausgestreckten Arm. Die Hand greift nach einer Tasche. Eine andere Figur hat den Körper eines Kleinkinds, es trägt große Sportschuhe und hat eine Ablage an der Brust, auf der eine Brosche liegt. An der Hüfte baumelt an einer Silberkette eine Spielzeugautomatenkugel mit einem Geldstück darin. Es gab immer diese Streits wegen Geld, darüber, wer was zahlt, wegen des Hauskredits, dass jemand das Gefühl hat, den anderen durchzufüttern.

Das Kuscheltier aus dem Schlafzimmer meiner Mutter ist als Bulldogge verkleidet. Es trägt einen reflektierenden Herzanhänger aus meiner Schulzeit:

Komm gut Heim

Ein langes Bein, gehalten von einem Rohrgestell, in einem Schuh. Und der Abdruck einer riesigen toten Muschel, eine Dekoration im Wohnzimmer meiner Großmutter, und für mich als Kind eine geheimnisvolle Behausung. Eingeritzt sind Notizen aus ihrem Telefonheft:

Costa-Reisen GmbH
BRD: 0721 – 21049
Hin u. zurück 300 DM

Alltagstrott
3.267,97
136,31
3.404,28

Nachgespräch mit Ruth Sonderegger
Ein digitaler Briefwechsel

Karolina
Liebe Ruth, wir freuen uns mit dir ins Gespräch zu kommen! Du beschäftigst dich mit Klassenfragen und aus deinem Text im Sammelband *Klassen sehen. Soziale Konflikte und ihre Szenarien* (2021) wussten wir, dass auch du die Erste in deiner Familie warst, die studiert hat. Diese Information war für unsere Anfrage total wichtig. Wie war es für dich, die arrangierten Gespräche zu lesen?

Ruth
Ich habe eure Gesprächstexte mit und über *Working Class Daughters* mit großer Neugier und Faszination gelesen. Einerseits hat das wohl damit zu tun, dass ich mich bei vielen Gesprächen mit am Küchentisch oder auf der Wohnzimmer-Couch gefühlt habe. Auf der anderen Seite bin ich auch sehr begeistert von der Textform, die ihr entwickelt habt und mit der es euch gelingt, zugleich Sozialforschung zu machen und Sorgearbeit zu leisten.

Durch eure Konstruktion von Gesprächen, die aus realen Interviewfragmenten zusammengesetzt wurden, habt ihr in meinen Augen tatsächlich einen Weg gefunden, um das Strukturelle multipler Ausbeutungsverhältnisse im Feld von Kunst und Kultur aufzuzeigen, ohne die Leser:innen mit Statistiken und Zahlen zu bombardieren, die man nach fünf Minuten schon wieder vergessen hat – egal wie krass sie sind. Aber ihr schlagt auch nicht den entgegengesetzten Weg von beispielsweise Eribon ein, der eine einzigartige und damit automatisch heldenhafte Aufstiegsgeschichte erzählt. Es sind ganz singuläre Erfahrungen, die sich durch eure literarische Konstruktion zu einer Strukturanalyse zusammenpuzzeln, von der Soziolog:innen wohl nur träumen können.

Zugleich wird in den Gesprächen aber auch immer wieder deutlich, wie wichtig das gemeinsame Sprechen über die Erfahrungen der *Working Class Daugthers* ist, denn solche Gespräche implizieren immer auch Tipps zum Umgang mit Diskriminierungen und jede Menge *best practices*, die helfen, nicht in Opferpositionen zu verharren.

Während in den Gesprächen, so zumindest mein Lektüreeindruck, mehr oder weniger gleichaltrige (junge) Menschen zu Wort kommen, impliziert »Töchter« eine intergenerationelle Beziehung, und hier möchte ich mit meiner ersten Frage einhaken. Ihr sagt zu den *Daughters* im Vorwort zwar, dass ihr den Begriff nicht auf Familienverhältnisse reduziert sehen wollt, sondern dass es dabei auch um all jene Menschen geht, die heutige Kämpfe gegen Ausbeutung ermöglicht oder inspiriert haben. Könnt ihr sagen, welche von diesen Kämpfen für euch wichtig waren und sind, auch wenn sie in den Gesprächen nicht direkt genannt werden?

Auf der anderen Seite ist mir beim Lesen der Texte aufgefallen, dass Mütter (über politische Kämpfe der Vergangenheit hinaus, auf deren Schultern die *Working Class Daughters* stehen oder sitzen) gleichwohl immer wieder eine wichtige Rolle spielen; sei es als Inspiration oder beispielsweise auch in der Bemerkung einer Gesprächsteilnehmer:in, sie würde nicht so über ihre Mutter schreiben wollen wie Eribon. In welchen multiplen Verhältnissen versteht ihr euch als *Working Class Daughters*? Welche dieser Verhältnisse erfahrt ihr als schwierig oder sogar Ohnmacht erzeugend, welche als ermöglichend?

Kristina

Danke für die Beobachtungen und Fragen. Ich steige direkt mit den Vorbildern außerhalb von familiären Verhältnissen und vergangenen Kämpfen ein, auf die unsere Arbeit in gewisser Weise auch aufbaut. Der Titel *Working Class Daughters* bezieht sich zum einen auf die Figur der sogenannten Arbeitertochter, der in den 80er- und 90er-Jahren einige Publikationen gewidmet waren, wie Gabriele Thelings *Vielleicht wäre ich als Verkäuferin glücklicher geworden – Arbeitertöchter und Hochschule* (1986), Sabine Brendels *Arbeitertöchter beißen sich durch. Bildungsbiografien und Sozialisa-*

tionsbedingungen junger Frauen aus der Arbeiterschicht (1998) sowie die in der Einleitung erwähnte Studie von Hannelore Bublitz *Ich gehörte irgendwie so nirgends hin … : Arbeitertöchter an der Hochschule* (1980), um nur einige zu nennen. Diese Bücher, denen ich während meines Studiums oder in feministischen Archiven begegnet bin, haben mich direkt angesprochen. Gleichzeitig ging aber schon von den Titeln auch eine unglaubliche Schwere aus, sodass ich ehrlich gesagt keines dieser Bücher komplett gelesen habe. Allein die Existenz dieser Bücher und die Perspektiven haben mir persönlich schon sehr geholfen, über eine strukturelle Dimension nachzudenken. Zum anderen bildeten sich, vielleicht auch inspiriert durch diese Veröffentlichungen, in den 80er-Jahren selbstorganisierte feministische Gruppen wie die Arbeiter:innentöchter und die Prololesben, mit denen wir uns im Rahmen anderer Projekte auch intensiver beschäftigt haben. Hier hatten wir auch die Möglichkeit, mit Zeitzeuginnen wie Martina Witte aus der Berliner Prololesben-Gruppe ins Gespräch zu kommen.

Ein anderer wichtiger (nicht akademischer) Bezugspunkt für unsere Arbeit war eine Recherche rund um das ehemalige Hoesch-Spundwand-Areal, die wir 2018 in Dortmund durchgeführt haben. Wir haben Interviews mit ehemaligen Arbeiter:innen des Stahlwerks geführt und sind dabei eher zufällig auf die Hoesch-Fraueninitiative in Dortmund gestoßen, die die Arbeitskämpfe der 80er-Jahre mit Demonstrationen und etwa einem Hungerstreik vor den Werktoren begleitete. Auch hier wurde unsere Begeisterung durch den freundschaftlichen Austausch mit den Zeitzeug:innen Pat Walbersdorf und Rita Schenkmann-Raguse und deren flammenden Erzählungen und Erinnerungen entfacht. Oder die wilden Streiks in Pierburg, bei denen sich die damaligen Arbeitskämpfe in gewisser Weise mit feministischen und migrantischen Kämpfen verbanden. Uns war es wichtig, mit unserer Arbeit und im Titel *Working Class Daughters* auf diese feministische Geschichte Bezug zu nehmen, und uns dieser gleichzeitig aus heutiger Perspektive und mit dem Wissen um queer-feministische und intersektionale Debatten anzunähern. Tatsächlich wollten wir auch einen Versuch starten, der Schwere dieser Themen mit einer selbstbewussten Haltung zu begegnen, wie wir sie in den selbstorganisierten Gruppen und in

Gesprächen mit unseren Interviewpartner:innen, Zeitzeug:innen und Freund:innen gefunden haben.

Karolina
Ich glaube, der Bezug zu den Kämpfen ist auch ein Teil der multiplen Verhältnisse, in denen sich das Projekt *Working Class Daughters* bewegt und nach denen Ruth gefragt hat. Einerseits ist der Titel eine Art Anrufung von Selbstbewusstsein und Solidarität, die es mal innerhalb einer Arbeiter:innenklasse gab, oder die es hätte geben können. Andererseits begann das Projekt auch mit einer Selbstbefragung und dem Bezug auf den feministischen Slogan »Das Private ist politisch«. Es ist ja nach wie vor ein kraftvolles und auch politisierendes Moment, wenn die gelebten Verhältnisse in den Blick kommen und sich die Erkenntnis von Macht und Herrschaft nicht mehr vom eigenen Körper und den alltäglichen Erfahrungen trennen lässt. Damit spielen der Begriff und das Konzept der *Daughters* auch auf Familienverhältnisse an. Viele der Erfahrungen von Klasse sind mit Schmerz und Scham verknüpft, mit Isolierung, Fremdsein, Ausschluss und Bewertung. Die wenigsten der von uns Interviewten, inklusive uns selbst, sind in einer »kämpferischen« Arbeiter:innenklasse aufgewachsen. Und das empfinde ich schon als Spagat: Mein (Wunsch-)Bild der *Working Class* und die Realität der Eltern, die Erfahrung von Ausbeutung, verinnerlichter Klassismus … Dort gibt es auch viele Erfahrungen von Ohnmacht. Denn als »Tochter«, als Kind, kannst du an den (Klassen-)Verhältnissen erst mal nichts ändern, vielleicht nicht mal drüber sprechen, weil die Worte dafür fehlen oder die Idee, dass es anders sein kann. Gleichzeitig haben wir den Fokus auf Scham, welcher die Diskussionen um Klasse und Klassismus lange begleitet hat, als sehr anstrengend empfunden. Dem wollten wir auch etwas entgegensetzen. Tatsächlich habe ich mich zum Beispiel nie für meine Eltern oder dafür, wie ich aufgewachsen bin, geschämt. Ich war eher wütend. Gleichzeitig kenne ich auch die Gefühle von Ohnmacht sehr gut.

Ruth
Danke für eure Antworten und die Erinnerung an all diese tollen Publikationen aus den 80er-Jahren. Ich knüpfe zuerst noch mal an eure Betonung des intersektionalen Zugangs und vor allem die Formulierung an, dass »die Arbeiter:innenklasse, [...] alles andere als *weiß* und männlich ist, sondern schon immer intersektional«. Angesichts eurer Gesprächsführung und der Komposition der Gespräche wird beeindruckend klar, wie sehr es euch um das Herausarbeiten verschiedener, einander häufig verstärkender Macht- und Ausschlussmechanismen geht – also um genau das, was auch der Anspruch von intersektionalen Zugängen zu Macht und Herrschaft ist. Gleichwohl legt ihr einen klaren Akzent auf die Klassenfrage. Liegt dieser Akzentsetzung die These zugrunde, dass der Klassenaspekt bei intersektionalen Analysen (oft) zu kurz kommt? Denn zumindest ein Ergebnis der von euch angeregten Gespräche lautet, dass der Klassenaspekt von euren Gesprächspartner:innen nach wie vor als »seltsam unsichtbar« erfahren wird. Oder seht ihr diese Spannung eher als Ausdruck davon, dass Herrschaftsanalysen, ganz egal wie komplex sie sind, eben noch nicht automatisch zu realen Veränderungen führen?

Eine andere Nachfrage, die sich mir beim Lesen des Vorworts aufgedrängt hat, hängt unmittelbar mit der Herausforderung der gerade angesprochenen realen Veränderungen zusammen: Ich meine euren Anspruch, mit dem vorliegenden Buch zu einer »sorgenden Organisierung« beizutragen. Könnt ihr diesen Anspruch noch etwas ausführlicher erläutern? Geht es darum, nicht einfach politische Forderungen durchzusetzen, sondern sie so durchzusetzen, dass es auf dem Weg dorthin den Fordernden und Kämpfenden auch gut geht, statt dass am Ende alle nur überfordert und ausgelaugt zurückbleiben, wie das bei aktivistischer Arbeit ja oft der Fall ist?

Karolina
Über Intersektionalität nachzudenken, finde ich wichtig. Dabei ist Klasse für mich nicht bloß *ein* Aspekt von Intersektionalität, sondern eben selbst intersektional. So hat beispielsweise die proletarische Frauenbewegung bereits in den 1880er-Jahren mit ihren Forderungen am Bild des ausschließlich männlichen Arbeiters ge-

rüttelt. In den USA stellten zeitgleich die Kämpfe von Schwarzen Frauen und Männern gegen Sklaverei und rassifizierte Ausbeutung von Arbeit die politische Fixierung auf den *weißen* Arbeiter infrage. Schließlich hat das Konzept der Intersektionalität seinen Ursprung im Schwarzen Feminismus, was ich wichtig zu erwähnen finde. Dabei war die Erkenntnis, dass verschiedene Formen von Herrschaft und Ausbeutung sich jeweils verstärken und eigene Erfahrungen produzieren, auch mit sozialistischen Kämpfen verknüpft, etwa beim Combahee River Collective in den USA, das 1974 von Schwarzen Lesben gegründet wurde. Dort ging es ja auch darum, die Verhältnisse radikal zu verändern, Formen von Solidarität zu schaffen und gemeinsam zu kämpfen. Daran anknüpfend haben wir uns gefragt, ob Klasse das Potenzial hat, die verschiedenen Kämpfe um Freiheit, Gleichheit und Selbstbestimmung zu verknüpfen. Schließlich geht es in einer kapitalistischen Gesellschaft ja immer auch um Ausbeutung von Arbeitskraft und um unbezahlte oder schlecht bezahlte Arbeiten, entlang derer gesellschaftlicher Reichtum, Teilhabe und Anerkennung organisiert werden. Zwei Themen aus dem Fragebogen, mit dem wir gearbeitet haben, drehen sich auch um Arbeit – um die eigene und um die Arbeit der Eltern. Wenn wir genau hingucken, dann sind wir zum Teil gar nicht so weit von unseren Eltern entfernt, selbst wenn die *Daughters* etwas ganz anderes arbeiten. So ändert das kulturelle Kapital häufig nur wenig an der finanziellen Situation und den damit verbundenen Ängsten oder Zwängen. Außerdem war es uns einfach wichtig, nach Gemeinsamkeiten zu suchen. So haben viele der Befragten eine eigene oder familiäre Migrationsgeschichte und diese war (fast immer) auch mit Arbeit verknüpft, weil daran beispielsweise die Aufenthaltserlaubnis hing. All das ist Teil der intersektionalen Perspektive in diesem Buch und gehört für uns zum Nachdenken und Sprechen über Klasse. Wenn ich über deine Frage nach der Unsichtbarkeit von Klasse im intersektionalen Diskurs nachdenke, dann ging es uns vielleicht gar nicht so sehr darum, Klasse in die Intersektionalität zu bringen, sondern die Intersektionalität in das Sprechen über Klasse. Und selbst das ist uns nur bedingt gelungen. Es gibt viele Perspektiven, die ergänzt werden könnten – schließlich ist dieses Buch eine Momentaufnahme, die immer auch Leerstellen enthält. Gleichzeitig ist es ein Versuch, eine gemeinsame Sprache zu beschwören, die an der Schnittstelle entstehen könnte, wo sich die verschiedenen Formen von Macht und Ausschluss überschneiden. Und tatsächlich hatten wir bei einer von uns organisierten Veranstaltung das Glück, viele der Interviewten zusammen an einen Ort zu bringen, sie zu bekochen, ihnen Sekt zu servieren und den Raum zu öffnen, den von uns arrangierten Gesprächen zu lauschen. Die meisten der Anwesenden hatten sich vorher noch nie gesehen und es war super berührend, dass am Ende alle bestärkt rausgegangen sind und auch im Nachhinein gesagt haben, dass der Abend für sie sehr wichtig war. Das hat uns wiederum total bestärkt, weiterzumachen.

Das ist vielleicht auch die Überleitung zu der Frage nach der »sorgenden Organisierung«, die wir im Vorwort behaupten und die du noch mal ins Spiel gebracht hast. Die Gespräche, die in diesem Buch zu finden sind, haben ja so nicht stattgefunden, könnten aber so stattfinden. Und vielleicht ist das auch ein Teil oder der Ausgangspunkt für eine »sorgende Organisierung«: Die Möglichkeit zu imaginieren, dass wir einander zuhören, uns umeinander sorgen und darauf schauen, was uns in unseren alltäglichen und politischen Kämpfen verbindet – statt auf das Trennende. Die Behauptung von Sorge ist für uns eng an die Suche nach Verbindungen geknüpft, und Teil einer feministischen Perspektive. In den arrangierten Gesprächen sollten die Geschichten, trotz ihrer Einzigartigkeit, einer Individualisierung entrissen werden und damit eben auch der Scham. Wir hoffen, auch die Leser:innen als erst mal stumme Gesprächspartner:innen in die Sorge um diese imaginierte Wirklichkeit einbeziehen zu können. Das ist für uns Teil einer »sorgenden Organisierung«, weil eben nicht das autonome und neoliberale Subjekt, das alles allein schafft und niemanden braucht, im Mittelpunkt steht und somit auch keine erfolgreiche Aufstiegsgeschichte erzählt wird. Vielleicht ist das auch eine Frage, die wir an die Organisierung stellen: Wie kann diese von Verbindung und Sorge getragen werden? Wie kann das »Prinzip der freudvollen Militanz«, wie es Silvia Federici formuliert, praktisch werden? Während ich das hier schreibe, frage ich mich, ob meine Eltern es eigentlich verstehen würden. Hier merke ich, dass es auch noch eine große Leerstelle gibt, was Sorge und Verbindung betrifft.

Kristina
Ich möchte nur noch ergänzen, dass ich den Moment des Zuhörens, den du schon angesprochen hast, in der Frage nach Intersektionalität und einer Form der »sorgenden Organisierung« sehr wichtig finde. Wir haben begonnen, die Interviews als Audio-Installationen zu veröffentlichen und dabei stets O-Töne verwendet. Uns war wichtig, dass unsere Interviewpartner:innen selbst zu Wort kommen und die gesprochene Sprache, um die es in einigen der Interviews auch geht, mit all den Pausen, Füllwörtern und regionalen Verortungen deutlich wird. Für das Buch haben wir zunächst versucht, in der Übersetzung von gesprochener zu geschriebener Sprache sehr nah an den O-Tönen zu bleiben. Das hat sich dann für das Lesen selbst als etwas schwierig erwiesen, sodass wir doch an einigen Stellen Pausen oder Wiederholungen herausnehmen und auf Leserlichkeit überprüfen mussten. Das Grundprinzip des Sprechens in alltäglicher Sprache funktioniert aber nach wie vor auch im Buch, finde ich. Mir selbst ging es beim Hören und Lesen der Interviews so, dass ich mich oft gefragt habe: »Wie ist es denn bei mir?«, »Wie würde ich das beschreiben?« Einige der Interviewpassagen finde ich so berührend und bezeichnend, dass ich selbst immer wieder darauf zurückkomme und Zitate in Gesprächen und Diskussionen in anderen Kontexten einbringe. Ähnliche Rückmeldungen haben wir auch von anderen Personen, die die Interviews gehört oder gelesen haben, bekommen: Einige Passagen bleiben hängen und hallen nach, was denke ich auch mit der Nähe zur gesprochenen Sprache zu tun hat. Ich würde sagen, dass das vielleicht auch ein Moment der »sorgenden Organisierung« im Kleinen ist: Eine gemeinsame Sprache und gemeinsame Formulierungen zu finden, auf die sich bezogen werden kann, die sich aus den Erfahrungen und aus dem gegenseitigen Zuhören entwickeln, und zu denen ich immer wieder zurückkommen kann. Dann stellt sich vielleicht die Frage nach der Zugänglichkeit der Sprache, die Karolina zuletzt eingebracht hat, noch mal anders: Wenn es darum geht, überhaupt erst einmal eine gemeinsame Sprache zu finden

und gemeinsame Bezüge zu entwickeln, die über das gegenseitige Zuhören und Teilen von Erfahrungen entstehen, dann steht vielleicht nicht die Frage nach Zugänglichkeit, sondern die nach Teilhabe mehr im Fokus. An dieser Stelle wäre interessant zu fragen, wie die Interviews und Gespräche weitergeführt werden könnten. Wir denken immer wieder, dass wir gerne auch unsere Eltern oder die Eltern der Interviewten befragen wollen.

Ruth

Danke! Mich haben eure Überlegungen zur Sprache sehr beschäftigt; genauer gesagt das, was ihr zur Ambivalenz der Sprache zwischen Ausschlussmechanismus und Ermöglichung des Gemeinsamen sagt. Einerseits fragt Karolina (selbstkritisch?), wie zugänglich eure Überlegungen und die in diesem Buch versammelten Gespräche wohl für eure Eltern sind, und vermutet, dass es hier eine Lücke in der Sorge gibt. Auf der anderen Seite schreibt Kristina darüber, wie gerade die Gespräche, die ihr komponiert habt, es ermöglicht haben, eine gemeinsame Sprache für heutige Erfahrungen von Klassismus im Zusammenhang mit anderen Formen der Ungleichbehandlung zu finden. Diese Ambivalenz im Blick zu haben, scheint mir sehr wichtig. Sie kann Pessimismus in Bezug auf Veränderungsmöglichkeiten genauso verhindern wie das selbstgefällige Gefühl, mit bestimmten Formen des Sprechens auf der richtigen Seite zu stehen und alles richtig gemacht zu haben. Vielmehr kommt es darauf an, so verstehe ich eure Überlegungen, immer wieder neu zu fragen, wen man mit welcher Sprache fernhält, beziehungsweise ausschließt, und für welche Menschen bestimmte Wörter und Sprachformen ermächtigend sind.

Das bringt mich jetzt noch mal zu eurer schon erwähnten Audio-Installation der Interviews, die ich mir neulich in einer Ausstellung anhören konnte. In beiden Anordnungen, der schriftlichen wie der installativen, lasst ihr viel Freiraum für die Leser:innen und Ausstellungsbesucher:innen, aber zugleich schafft ihr Räume, in denen man als Rezipient:in zum Herstellen oder Kappen von Bezügen ziemlich nachdrücklich herausgefordert wird. Das habe ich in beiden Fällen sehr gemocht. Wie seht ihr generell das Verhältnis zwischen Buch und Ausstellungssetting? Wisst ihr, wer den Zugang zu den Ausstellungen findet, in denen ihr eure Arbeiten zeigt? Und kann man eure künstlerischen Arbeiten auch außerhalb von Ausstellungsräumen kennenlernen? Mit diesen Fragen ziele ich nicht darauf ab, von euch zu hören, was der absolut beste Weg ist, um sich in eurem Sinn mit Klassenfragen auseinanderzusetzen. Vermutlich ist gerade die Pluralität von Zugangsformen zentral und Teil der »sorgenden Organisierung«, die euch so wichtig ist. Gleichwohl würde mich interessieren, noch mehr über eure Erfahrung mit den Gesprächen über Klasse im Kunstfeld zu hören, was ja auch in den Gesprächen selbst immer wieder eine Rolle spielt.

Karolina

Das ist eine sehr spannende Frage, wer eigentlich Zugang zu unserer Arbeit, etwa durch Ausstellungen, hat. Dem ist vorgelagert, wer denn überhaupt den Weg in die Kunstinstitution findet. Ich muss da an die Geschichte mit dem Theaterbesuch aus einem der Gespräche denken, wo allein das Theaterfoyer den Vater immer zum Verschwinden bringt. Diese Räume, mit all ihren informellen Anordnungen, die vermeintliche Offenheit, auch in der Architektur, die kahlen Wände, die großen Räume, all das exponiert dich, wenn du nicht weißt, wie du dich darin bewegen darfst oder kannst … All das steht meines Erachtens noch immer vor dem Inhalt, also etwa der Tatsache, dass dort unsere Arbeit zu sehen ist, die wir schon als sehr niedrigschwellig einordnen. Niedrigschwellig, weil in alltäglicher Sprache gesprochen und von Erfahrungen und Erinnerungen erzählt wird, die mit dem Alltag zu tun haben. Tatsächlich haben wir mit unserem Auto, einem weißen Seat Ibiza, der als Autoverkauf inszeniert war und an osteuropäische informelle Märkte erinnerte, so wie wir sie aus unserer Kindheit kannten, sehr gute Erfahrungen gemacht. Es stand meist vor dem Ausstellungsort oder an anderen öffentlichen Räumen im Umkreis einer Kunstinstitution. Einmal rief mir jemand beim Einparken vor einem Museum zu: »Geil, das Auto hatte ich auch mal! Ist das jetzt etwa auch Kunst?«, und lachte sich schlapp. Manchmal gelingt es darüber, eine Einladung auszusprechen. Ansonsten habe ich den Eindruck, dass eher Menschen, die bereits im Kunst- oder Kulturbereich unterwegs sind, Zugang zu unseren Arbeiten finden und nach dem Anhören der Gespräche auf uns zukommen und sagen, das hat mich voll berührt, bei mir war dieses oder jenes ähnlich. Da spüre ich dann oft auch eine Selbstermächtigung, die mich wiederum total berührt. Oder jemand will ein T-Shirt kaufen, wo in großen Buchstaben *Working Class Daughters* draufsteht. Ein Erlebnis fand ich sehr interessant und irgendwie bezeichnend, auch wenn es jetzt in eine etwas andere Richtung geht: Wir waren mit unseren Interviews und T-Shirts in einem Mädchenladen in Berlin-Wedding eingeladen. Die Mädchen, die dort in der offenen Betreuung waren, hatten alle Erfahrungen von Migration in der Familie und gehörten laut Sozialarbeiterin einer nicht privilegierten Klasse an. Interessanterweise fanden die Interviews dort aber kaum Anklang, obwohl wir extra Stellen rausgesucht hatten, in denen es auch um Schule ging, wie die Geschichte mit den Unternehmungen am Wochenende, von denen berichtet werden sollte. Erst auf die Nachfrage, ob sie denn sowas auch kennen und sich auch schon mal was ausgedacht haben, kam die Antwort: »Ja, klar, das ist doch normal. Das machen doch alle.« Danach wollten sie einfach nur T-Shirts bedrucken. Ich fand es total cool und legitim, dass sie unsere Fragen abgeblockt haben, weil es in dem Moment keine Relevanz für sie hatte. Und ich frage mich, ob es etwas damit zu tun hat, dass diese Erfahrungen einfach zu alltäglich sind, als dass sie hinterfragt werden oder damit, dass es für diese Erfahrungen noch keine Begriffe gab. Vielleicht spielte für diese Mädchen aber auch Rassismus eine größere Rolle …

Kristina
Die Erfahrungen von unserem Workshop im Mädchenladen fand ich auch sehr bezeichnend. Obwohl ich glaube, dass da auch das Alter eine Rolle gespielt hat, die meisten dort waren ungefähr im Grundschulalter. Es wäre sicher auch interessant für unsere weitere Arbeit, die Interviews in diese Richtung zu erweitern und verschiedene Generationen einzubeziehen. Wir kommen auch immer wieder darauf zurück, dass die Interviews und Beiträge in diesem Buch auch das Aufwachsen in den 90er-Jahren und die historischen Gegebenheiten wie die Wende und popkulturelle Referenzen dieser Zeit verhandeln. Mich würde interessieren, wie Ruth das beim

Lesen wahrgenommen hat? War die Frage danach, in welcher Zeit die Geschichten spielen, für dich beim Lesen relevant?

Und ich möchte auch noch mal kurz auf die Frage nach dem Verhältnis zwischen Buch und Ausstellungssettings eingehen. Das Buch gibt, denke ich, im Vergleich zur Ausstellung mehr Raum zur Selbstbefragung: Wie ist es eigentlich bei mir? Wie kann ich mich selbst zum Gelesenen in Bezug setzen? In den Ausstellungssettings geht es zwangsläufig auch um eine Auseinandersetzung mit dem Raum und der Institution, in der sich die Hörenden gerade befinden, da die Geschichten selbst auch Ein- und Ausschlüsse an Orten wie beispielsweise dem Theaterfoyer thematisieren. Zumindest war uns wichtig, den Ausstellungsort selbst mit zu befragen. Das Buch ist erst einmal nicht an eine Institution gebunden und gibt somit vielleicht mehr Raum für Assoziationen und Übertragungen in die jeweils eigenen Kontexte.

Zur Frage nach Klasse im Kunstfeld würde ich sagen, dass die meisten Personen, mit denen wir ins Gespräch gekommen sind, tatsächlich auch *working class kids* sind oder waren, die eine Form von Klassenwechsel gemacht haben oder sich schon mit der eigenen Klassenzugehörigkeit beschäftigt haben. Wie Karolina es beschrieben hat, haben wir oft die Rückmeldung bekommen, dass sich Personen von den Geschichten angesprochen fühlen oder ähnliche Erfahrungen gemacht haben und dass es bestärkend ist, allein schon den Titel *Working Class Daughters* zu lesen. Und vor allem, dass viele Menschen ihre eigenen Geschichten teilen und über Klasse sprechen wollen. Obwohl das eine relativ neue Beobachtung ist. Als wir 2018 mit den Gesprächen anfingen, war es gar nicht so leicht, Interviewpartner:innen zu finden. Heute könnten wir die Interviews eigentlich bis ins Unendliche weiterführen.

Ruth

Das mit der Zeit, nach der Kristina fragt, ist wirklich eine spannende Angelegenheit. Wenn ich mich an meine erste Lektüre richtig erinnere, dann war die Frage, wie alt diese Menschen sind und wann sie die erzählten Erfahrungen gemacht haben, durchaus wichtig. Aber darüber hinaus sind es auch Fragen nach der Herkunft und der Zukunft dieser Menschen und danach, wie ihr beide als Interviewer:innen zu ihnen steht. Ich glaube, derartige Fragen tauchen immer auf, wenn man von einem Inhalt fasziniert ist, aber nicht oder noch nicht weiß, von wem er artikuliert wird. Das ging mir später in der Ausstellung genauso. Damals kannte ich den Inhalt der Statements schon ziemlich gut. Gleichwohl sind mit den Stimmen, den Timbres, Akzenten und Weisen der Artikulation neue Dimensionen dazugekommen, mit denen sich die Frage danach, wer hier genau spricht, nur erneut und auf andere Weise für mich gestellt hat. Ich glaube, der Wunsch danach, mehr über die Sprechenden zu erfahren, ist auch Ausdruck der Faszination für die Leute, die da sprechen und so viel von ihrem Leben mit unabsehbaren Fremden teilen. Im Laufe des (ersten) Lesens der Interviews habe ich auch nach Zeitmarkern gesucht – etwa nach Hinweisen darauf, ob die Sprecher:innen vor oder nach dem Mauerfall erwachsen wurden. Irgendwann war mir klar, dass zumindest die Mehrzahl der Sprechenden jünger ist als ich, sogar viel jünger. Aber diese Gewissheit war in Bezug auf manche Äußerungen eine durchaus schmerzliche Erfahrung. Denn mir wurde klar, wie wenig sich im Lauf der Zeit hinsichtlich der Klassenfrage, etwa in Bezug auf Bildung, geändert hat. Ganz stark hatte ich dieses negative Gefühl bei jenem Bericht, in dem von der ersten und komplett überfordernden Erfahrung in der Universitätsbibliothek erzählt wurde. Meine unmittelbare Reaktion war die, dass ich dachte – und hier hatte ich unwillkürlich eine sehr konkrete Zeitspanne im Kopf: »Es kann doch nicht sein, dass Menschen zwanzig Jahre nach meiner ersten Begegnung mit einer Unibibliothek noch einmal durch dieselbe Scheiße gehen müssen.« Auf der anderen Seite gab es auch viele ermutigende Statements, nämlich Berichte von Menschen, die viel mutiger waren und sind, als ich es in ihrem (geschätzten) Alter war.

Karolina
Mir geht es auch immer noch so, dass ich von vielen Geschichten so begeistert und berührt bin, und sie mir immer wieder Mut machen. Dann frage ich mich, wie es wohl wäre, wenn diese Gespräche gar nicht durch uns im Nachhinein arrangiert wären, sondern tatsächlich so stattgefunden hätten, und ob aus der individuellen Selbstermächtigung so etwas wie eine kollektive (Selbst-)Ermäch-

tigung hätte wachsen können. Was wäre möglich gewesen, wenn nicht jede Person für sich versucht hätte, mit den bestehenden Verhältnissen klarzukommen? Was hätte das für ein gemeinsames Sprechen und Handeln bedeutet?

Kristina
Das finde ich einen schönen Gedanken zum Abschluss. Liebe Ruth, vielen Dank für deine Fragen, Eindrücke und das Teilen deiner Perspektive. Wir freuen uns, das Gespräch in anderen Räumen mit dir, allen Leser:innen dieses Buches, *Working Class Daughters*, die wir interviewen durften, und denen, die noch dazukommen, weiterzuführen.

Danksagung

Wir danken allen, die mit ihren Erzählungen unsere Arbeit begleitet und dieses Buch erst möglich gemacht haben: Anna N., Anna S., Agnieszka, Ceyda, Désirée, Ewe, Julia, Maja, Malu, Samira, Verena. Danke für euer Vertrauen, die Erinnerungen und Anekdoten, den Austausch und euer Feedback. Ein großes Dankeschön gilt allen Freund:innen und Weggefährt:innen für die zahlreichen Diskussionen, Gespräche, das gemeinsame Wachsen und Kämpfen.

Für eine erste Besprechung der Idee danken wir Laura Nitsch, Barbara Juch und Luise Meier. Für weiteres Feedback zu diesem Buch danken wir Franziska Benkel, Ceyda, Ewelina, Agnieszka Habraschka, Julia Kostka, Verena Brakonier.

Ein extra Dank für die Unterstützung, Sorge und Geduld bei der Arbeit an diesem Buch geht an Anna Trzpis-McLean, Valentin Peitz, Dima Dreit, Felix Röben und Anna Feifer.

Dankeschön auch an Elke Smodics vom Mandelbaum Verlag für den intensiven Austausch, den Einsatz für und Vertrauen in das Buch, Ruth Sonderegger für das Gespräch und Sara van Dordrecht für das Lektorat.

Ein ganz besonderer Dank geht an Selina Lampe für die Gestaltung, die Details und Ideen, das Herzblut und die Arbeit, die in den »visuellen Einschreibungen« und diesem Buch stecken, für die inhaltlichen Diskussionen und unsere Freund:innenschaft.

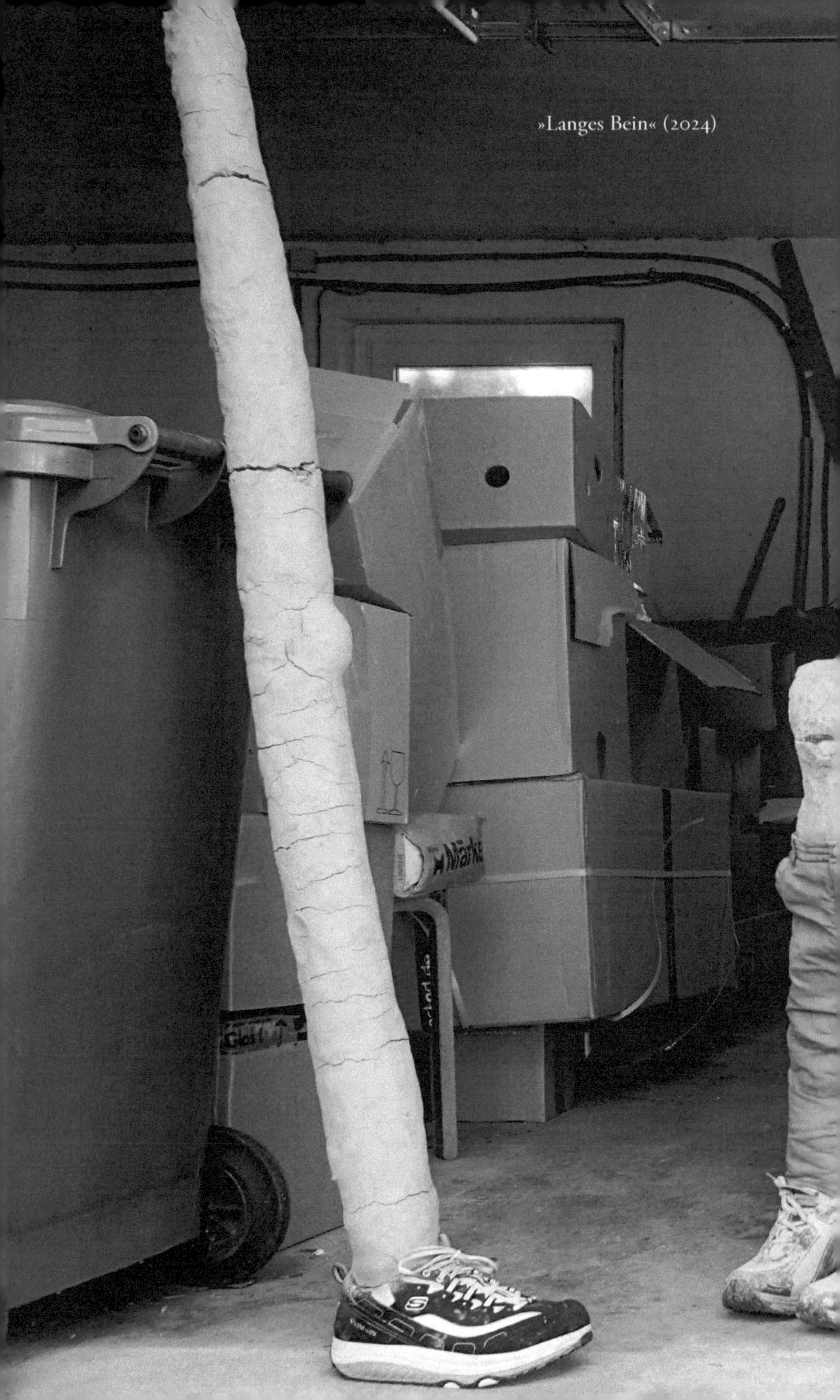

»Langes Bein« (2024)

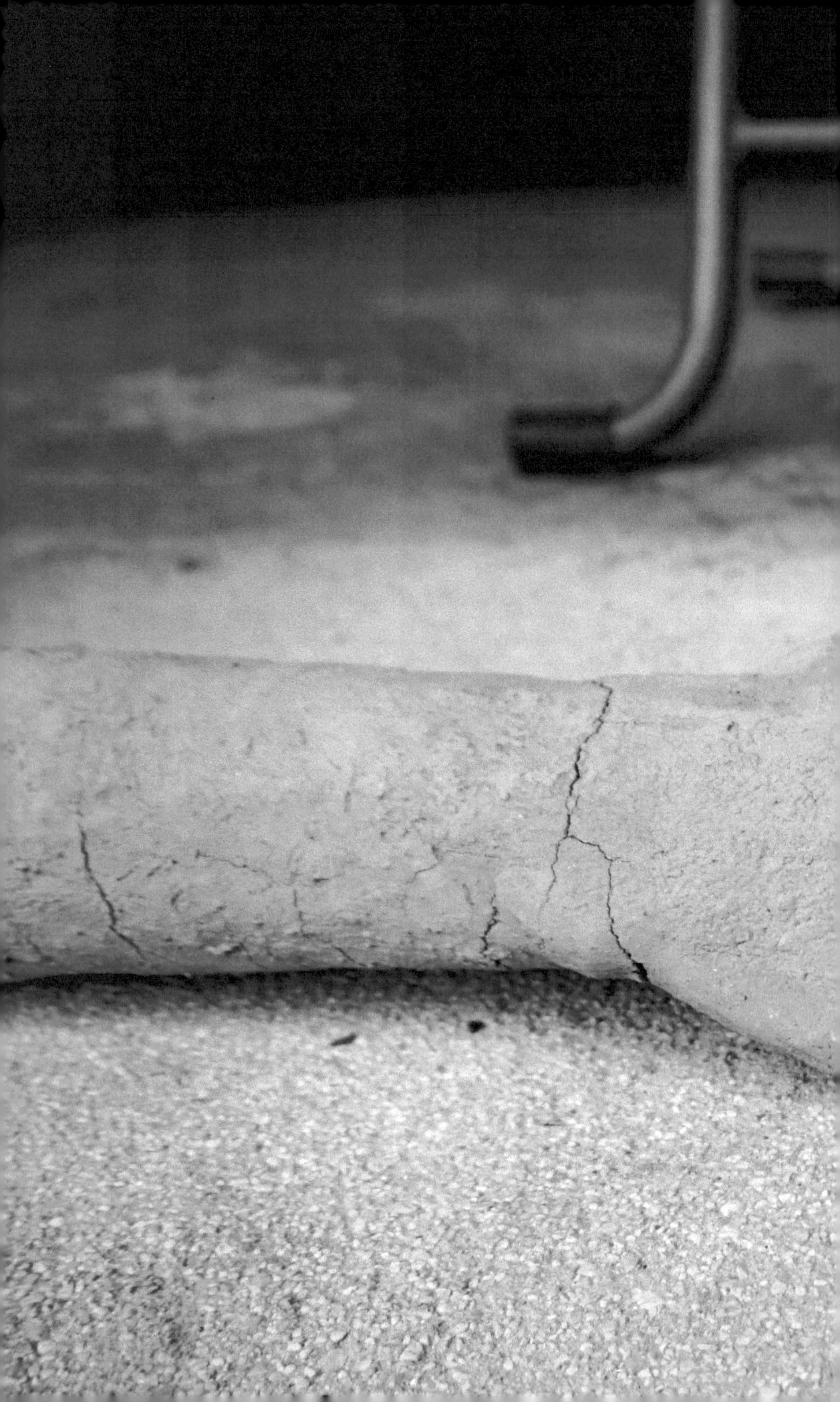

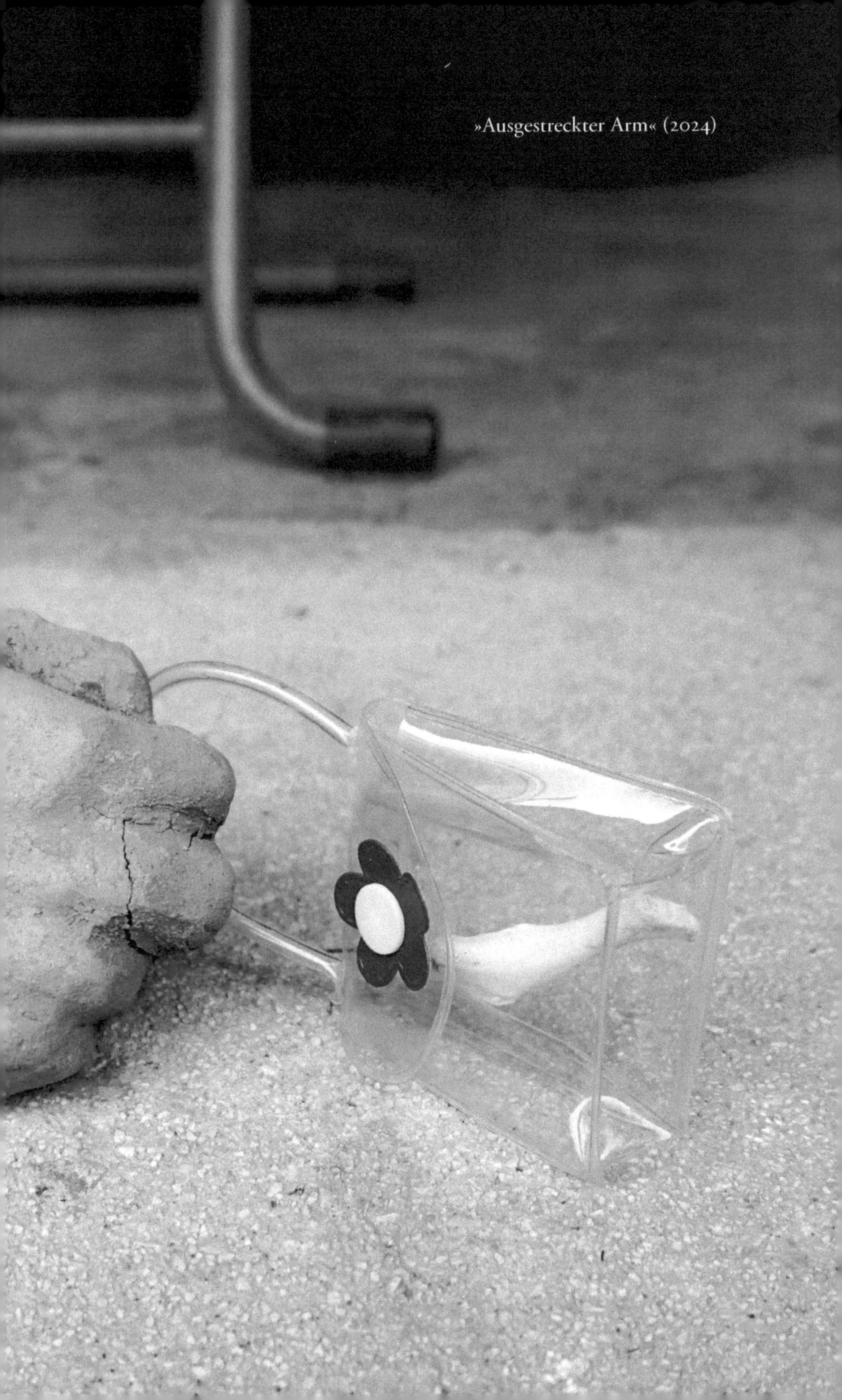

»Ausgestreckter Arm« (2024)

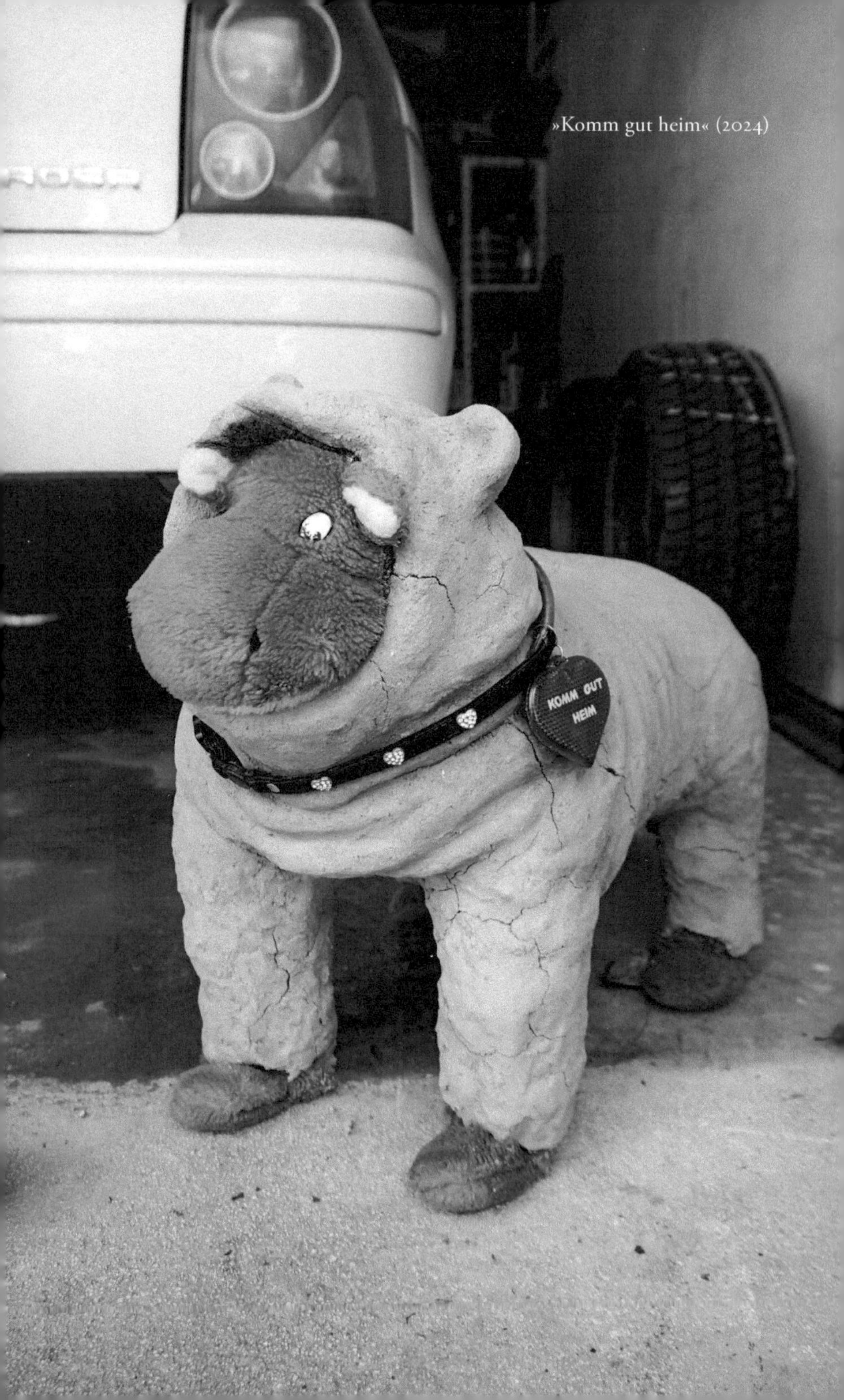

»Komm gut heim« (2024)